SUPREME

Elementary English Words

서프림 초등 영단어

Author Park, Jun-Won

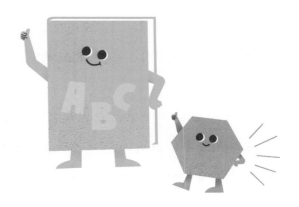

SCHOOL BOOKS

머리말

벼는 익을수록 이삭의 무게가 무거워져 완전히 익을 무렵이면 이삭의 무게를 견디지 못해 고개를 숙인 듯한 자세가 됩니다. '벼가 익을수록 고개를 숙인다.' 는 말은 속이 꽉 찬 사람은 인격이나 지식의 정도가 높아질수록 점점 더 겸손해진다는 뜻입니다.

노자는
"自見者不明 自是者不彰 (자견자불명 자시자불창)
자신을 스스로 드러내 보이려고 애쓰는 자는 밝을 수가 없고,
자신만이 옳다고 주장하는 자는 드러날 수 없다.
自伐者無功 自矜者不長 (자불자무공 자긍자불장)
스스로 자랑하는 사람은 공적을 이룰 수 없고,
스스로 잘난 척 뽐내는 자는 오래가지 못한다."
라고 했습니다. 우리가 공부를 하고 배우는 이유는 겸손한 사람이 되기 위함입니다.

본 책은 교육부에서 2022년 12월 22일 초등 영단어 800개를 지정하여 고시한 것을 가지고 우선 한 학년에 200개씩 분류하고 더 세분화하여 3학년부터 6학년까지 한 학기에 100개씩 8개 부분으로 나누었습니다. 각각의 영어 단어에는 품사 표기와 발음기호, 의미, 주옥같은 예문을 수록했습니다.

그리고 명사의 복수형 만드는 방법, 동사의 과거형 만드는 방법, 동사로 현재분사 및 동명사 만드는 방법, 형용사 및 부사의 비교변화 만드는 방법, 형용사 및 부사의 불규칙 변화형, 형용사를 부사로 만드는 방법을 상세히 정리하고 연습을 충분히 할 수 있도록 500문제 넘게 수록했습니다.

영어 단어는 정확한 철자, 정확한 발음, 정확한 의미로 외우고 또 외우기를 반복해야 합니다.

여러분이 '서프림 초등 영단어'를 벗 삼아 항상 곁에 두고 예문까지 외우고 또 외우기를 반복하면 영어가 재미있는 과목이 될 것임을 확신합니다.

마지막으로, 본 교재를 가지고 공부하는 여러분의 영어 실력이 날로 향상하여 노력한 보람을 반드시 거둘 수 있게 되기를 바라며 겸손한 사람이 되어 민족을 넘어 인류에 보탬이 되는 훌륭한 인물이 되기를 기원합니다.

저자 씀

CONTENTS

Elementary English Words

3-1

SUPREME

3학년 1학기 영단어

a
[ə]

부정관사 **하나의 (= an)**
I am **a** student.
나는 학생이다.

---

about
[əbáut]

전치사 **~에 관하여**
Tell me **about** your family.
나에게 당신의 가족에 관하여 말해주세요.

---

after
[ǽftər]

전치사 **~후에**
I play soccer **after** school.
나는 방과 후에 축구를 한다.

---

all
[ɔːl]

형용사 **모든**
All horses are animals.
모든 말은 동물이다.

---

and
[ænd]

접속사 **그리고**
You **and** I must go there.
너와 나는 거기에 가야 한다.

---

any
[éni]

형용사 **약간의**
If you need **any** help, tell me.
도움이 필요하면 나에게 말해.

---

as
[æz]

접속사 **~하면서**
She sings **as** she works.
그녀는 일하면서 노래 부른다.

---

ask
[æsk]

동사 **묻다**
May I **ask** you a question?
질문 하나 해도 될까요?

---

at
[æt]

전치사 **~에**
We eat lunch **at** noon.
우리는 정오에 점심을 먹는다.

---

back
[bæk]

명사 **뒤**
The girl turned her **back** to the boy.
그 소녀는 그 소년에게서 그녀의 등을 돌렸다.

다음 우리말을 영어로 쓰세요.

점 수 :

① 하나의

② 에 관하여

③ 후에

④ 모든

⑤ 그리고

⑥ 약간의

⑦ 하면서

⑧ 묻다

⑨ 에

⑩ 뒤

MEMO

be
[biː]

| 동사 | 이다 |

He will **be** an athlete some day.
그는 언젠가 운동선수가 될 것이다.

---

because
[bikɔ́ːz]

| 접속사 | ~때문에 |

We stayed at home **because** it rained.
우리는 비가 왔기 때문에 집에 머물렀다.

---

but
[bət]

| 접속사 | 그러나 |

These shoes are great, **but** they are too expensive.
이 신발은 훌륭하지만, 너무 비싸다.

---

by
[bai]

| 전치사 | ~옆에 |

Come and sit **by** me.
이리 와서 내 옆에 앉아라.

---

call
[kɔːl]

| 동사 | 부르다 |

He **called** my name.
그는 나의 이름을 불렀다.

---

can
[kæn]

| 조동사 | ~할 수 있다 |

I **can** ride a horse.
나는 말을 탈 수 있다.

---

child
[tʃaild]

| 명사 | 어린이 |

A **child** is crying on the street.
한 아이가 길에서 울고 있다.

---

come
[kʌm]

| 동사 | 오다 |

All things **come** to those who wait.
[속담] 기다리는 자에게 복이 온다.

---

could
[kud]

| 조동사 | ~할 수 있었다 |

I **could** not stay any longer.
나는 더 이상 머무를 수가 없었다.

---

day
[dei]

| 명사 | 날 |

What **day** is it today?
오늘은 무슨 요일입니까?

다음 우리말을 영어로 쓰세요.

점수 :

① 이다

_____

② 때문에

_____

③ 그러나

_____

④ 옆에

_____

⑤ 부르다

_____

⑥ 할 수 있다

_____

⑦ 어린이

_____

⑧ 오다

_____

⑨ 할 수 있었다

_____

⑩ 날

_____

MEMO

do
[du:]

동사 **하다**
What do you **do**?
직업이 무엇입니까?

---

down
[daun]

부사 **아래로**
Why don`t you sit **down**?
앉지 그래요?

---

feel
[fi:l]

동사 **느끼다**
I **feel** pain on my back.
나는 나의 등에 통증을 느낀다.

---

find
[faind]

동사 **찾다**
He **found** his lost wallet.
그는 그의 잃어버린 지갑을 찾았다.

---

for
[fər]

전치사 **~을 위해서**
Smoking is not good **for** your health.
흡연은 너의 건강에 좋지 않다.

---

from
[frəm]

전치사 **~으로부터**
I got a letter **from** my friend in Spain.
나는 스페인에 있는 나의 친구로부터 편지를 받았다.

---

get
[get]

동사 **얻다**
I **got** it from John.
나는 그것을 존으로부터 얻었다.

---

give
[giv]

동사 **주다**
The sun **gives** us light and heat.
태양은 우리에게 빛과 열을 준다.

---

go
[gou]

동사 **가다**
He has **gone** to America by plane.
그는 비행기로 미국에 가버렸다.

---

good
[gud]

형용사 **좋은**
The weather is **good**.
날씨가 좋다.

다음 우리말을 영어로 쓰세요.

① 하다

② 아래로

③ 느끼다

④ 찾다

⑤ 을 위해서

⑥ 으로부터

⑦ 얻다

⑧ 주다

⑨ 가다

⑩ 좋은

MEMO

have [hæv]	동사 가지고 있다 I **have** a lot of money. 나는 많은 돈을 가지고 있다.
he [hi:]	대명사 그는 **He** is a doctor. 그는 의사이다.
here [hiər]	부사 여기에 I live **here**. 나는 여기에 산다.
how [hau]	의문부사 어떻게 **How** did you come here? 너는 어떻게 여기에 왔니?
I [ai]	대명사 나는 **I** am a student. 나는 학생이다.
if [if]	접속사 만약 ~하면 **If** I were a bird, I would fly to you. 만약 내가 새라면 나는 너에게 날아갈 텐데.
in [in]	전치사 ~안에 He is **in** my car. 그는 나의 차 안에 있다.
into [íntu:]	전치사 ~안으로 He jumped **into** the water. 그는 물속으로 뛰어들었다.
it [it]	대명사 그것은 **It** is a pen. 그것은 펜이다.
just [dʒʌst]	부사 정확히 The watermelon weighs **just** five kilograms. 그 수박은 정확히 5kg 나간다.

다음 우리말을 영어로 쓰세요.

점 수 :

① 가지고 있다

② 그는

③ 여기에

④ 어떻게

⑤ 나는

⑥ 만약 ~하면

⑦ 안에

⑧ 안으로

⑨ 그것은

⑩ 정확히

MEMO

know
[nou]

동사 **알다**
He who **knows** how to flatter also knows how to slander.
아첨을 잘하는 사람은 헐뜯는 요령도 터득한 사람이다.

last
[læst]

형용사 **지난**
He graduated from middle school **last** year.
그는 작년에 중학교를 졸업했다.

like
[laik]

동사 **좋아하다**
I **like** playing tennis.
나는 테니스 치는 것을 좋아한다.

look
[luk]

동사 **보다**
Look before you leap.
[속담] 뛰기 전에 살펴봐라.

make
[meik]

동사 **만들다**
Prosperity **makes** friends, adversity tries them.
[속담] 번영은 친구를 만들고 역경은 친구를 시험한다.

man
[mæn]

명사 **성인 남자**
A drowning **man** will grasp at a straw.
[속담] 물에 빠진 사람은 지푸라기라도 잡으려고 한다.

many
[méni]

형용사 **수가 많은**
There are **many** fish in the sea.
바다에는 많은 물고기가 있다.

may
[mei]

조동사 **~해도 좋다**
You **may** go out.
너는 나가도 된다.

need
[niːd]

동사 **필요로 하다**
All plants and animals **need** water.
모든 식물과 동물은 물을 필요로 한다.

never
[névər]

부사 **결코 ~않다**
A watched pot **never** boils.
[속담] 지켜보는 냄비는 절대 끓지 않는다.

다음 우리말을 영어로 쓰세요.

점 수 :

① 알다

② 지난

③ 좋아하다

④ 보다

⑤ 만들다

⑥ 성인 남자

⑦ 수가 많은

⑧ 해도 좋다

⑨ 필요로 하다

⑩ 결코 ~않다

MEMO

new [njuː]	형용사	**새로운** I bought a **new** cell phone. 나는 새로운 휴대전화를 샀다.
no [nou]	감탄사	**아니오** Do you like tomatoes? **No**, I don`t. 너는 토마토를 좋아하니? 아니, 좋아하지 않아.
not [nɑt]	부사	**~아니다** I am **not** busy now. 나는 지금 바쁘지 않다.
now [nau]	부사	**지금** He is playing baseball **now**. 그는 지금 야구를 하고 있다.
of [əv]	전치사	**~의** Diseases are the interests **of** pleasures. [속담] 질병은 쾌락의 이자이다.
on [ɔːn]	전치사	**~위에** My radio is **on** the desk. 나의 라디오는 책상 위에 있다.
one [wʌn]	수사	**1 하나** **One** is insufficient. 하나로는 불충분하다.
only [óunli]	부사	**오직** **Only** you can do it. 오직 너만이 그것을 할 수 있다.
or [ɔːr]	접속사	**또는** Which do you like better, summer **or** winter? 너는 여름 혹은 겨울 중에서 어느 것을 더 좋아하니?
out [aut]	부사	**밖으로** She went **out**. 그녀는 외출했다.

다음 우리말을 영어로 쓰세요.

점 수 :

① 새로운

② 아니오

③ 아니다

④ 지금

⑤ 의

⑥ 위에

⑦ 하나

⑧ 오직

⑨ 또는

⑩ 밖으로

MEMO

over [óuvər]	전치사	**~의 바로 위에** There is a bridge **over** the river. 그 강 위에 다리가 있다.
people [píːpl]	명사	**사람들** Many **people** gathered in the square. 많은 사람들이 광장에 모였다.
say [sei]	동사	**말하다** Please **say** hello to your mother. 당신의 어머니에게 안부를 전해주세요.
school [skuːl]	명사	**학교** This is my **school**. 이곳이 나의 학교이다.
see [siː]	동사	**보다** We only **see** what we know. 우리는 우리가 아는 것만 볼 수 있다.
she [ʃiː]	대명사	**그녀는** **She** is a teacher. 그녀는 교사이다.
so [sou]	부사	**아주** Thank you **so** much! 아주 많이 감사합니다!
some [səm]	형용사	**약간의** I have **some** friends in America. 나는 미국에 약간의 친구들을 가지고 있다.
take [teik]	동사	**가지고 가다** **Take** these things home. 이 물건들을 집으로 가지고 가라.
tell [tel]	동사	**말하다** Don`t **tell** a lie. 거짓말을 하지 마라.

다음 우리말을 영어로 쓰세요.

점수 :

① 의 바로 위에

② 사람들

③ 말하다

④ 학교

⑤ 보다

⑥ 그녀는

⑦ 아주

⑧ 약간의

⑨ 가지고 가다

⑩ 말하다

MEMO

than
[ðæn]

접속사 ~보다

He is older **than** I.

그는 나보다 나이가 많다.

---

that
[ðæt]

대명사 저것

That is a watermelon.

저것은 수박이다.

---

the
[ðə]

정관사 그

The gentleman is my uncle.

그 신사는 나의 삼촌이다.

---

there
[ðɛər]

부사 거기에

I went **there** with him.

나는 그와 함께 거기에 갔다.

---

they
[ðei]

대명사 그들은

They are going to school.

그들은 학교에 가고 있다.

---

thing
[θiŋ]

명사 물건

These are **things** that the baby plays with.

이것들은 아기가 가지고 노는 물건들이다.

---

think
[θiŋk]

동사 생각하다

When anger rises, **think** of the consequences.

화가 치밀어 오를 때 그 결과를 생각하라.

---

this
[ðis]

대명사 이것

This is a persimmon.

이것은 감이다.

---

time
[taim]

명사 시간

Time is money.

[속담] 시간은 돈이다.

---

to
[tuː]

전치사 ~에

He is going **to** the supermarket.

그는 슈퍼마켓에 가고 있다.

다음 우리말을 영어로 쓰세요.

점 수 :

① 보다

② 저것

③ 그

④ 거기에

⑤ 그들은

⑥ 물건

⑦ 생각하다

⑧ 이것

⑨ 시간

⑩ 에

MEMO

too [tu:]	부사 너무
	This coat is **too** small.
	이 외투는 너무 작다.

try [trai]	동사 시도하다
	If you don`t succeed, **try** again.
	만일 네가 성공하지 못하면 다시 시도해 보아라.

two [tu:]	수사 2 둘
	My favorite number is **two**.
	내가 가장 좋아하는 숫자는 2이다.

up [ʌp]	부사 위로
	The cable car goes **up** to the top of the hill.
	케이블카는 언덕의 꼭대기까지 올라간다.

use [ju:z]	동사 사용하다
	We **use** a knife to cut meat.
	우리는 고기를 자르기 위해 칼을 사용한다.

very [véri]	부사 매우
	We are **very** happy.
	우리는 매우 행복하다.

want [wɔ:nt]	동사 원하다
	She **wanted** something to eat.
	그녀는 먹을 것을 원했다.

way [wei]	명사 길
	Where there is a will, there is a **way.**
	[속담] 뜻이 있는 곳에 길이 있다.

we [wi:]	대명사 우리는
	The future depends on what **we** do in the present.
	미래는 우리가 현재에 무엇을 하는가에 달려 있다.

well [wel]	부사 잘
	I know him quite **well**.
	나는 그를 꽤 잘 안다.

다음 우리말을 영어로 쓰세요.

점 수 :

① 너무

② 시도하다

③ 둘

④ 위로

⑤ 사용하다

⑥ 매우

⑦ 원하다

⑧ 길

⑨ 우리는

⑩ 잘

MEMO

what [hwɑt]	의문대명사	**무엇**
		What is this?
		이것은 무엇입니까?

when [hwen]	의문부사	**언제**
		When is your birthday?
		당신의 생일은 언제입니까?

who [hu]	의문대명사	**누구**
		Who are you?
		당신은 누구입니까?

will [wil]	조동사	**~할 것이다**
		She **will** start soon.
		그녀는 곧 출발할 것이다.

with [wið]	전치사	**~와 함께**
		She lives **with** her grandmother.
		그녀는 그녀의 할머니와 함께 살고 있다.

woman [wúmən]	명사	**성인 여자**
		She is a married **woman**.
		그녀는 기혼 여성이다.

work [wəːrk]	동사	**일하다**
		My mother is **working** in the kitchen.
		나의 어머니는 부엌에서 일하고 계신다.

world [wəːrld]	명사	**세계**
		This is a map of the **world**.
		이것은 세계 지도이다.

year [jiər]	명사	**년**
		I visited the village three **years** ago.
		나는 3년 전에 그 마을을 방문했다.

you [juː]	대명사	**너는**
		As you sow, so shall **you** reap.
		[속담] 네가 뿌린 대로 거둘 것이다.

다음 우리말을 영어로 쓰세요.

점 수 :

① 무엇

_____

② 언제

_____

③ 누구

_____

④ 할 것이다

_____

⑤ 와 함께

_____

⑥ 성인 여자

_____

⑦ 일하다

_____

⑧ 세계

_____

⑨ 년

_____

⑩ 너는

_____

MEMO

Elementary English Words

3-2

SUPREME
3학년 2학기 영단어

again
[əgén]

부사 다시
See you **again**.
또 만나요.

against
[əgénst]

전치사 ~에 반대하여
We will fight **against** the enemy.
우리는 적과 맞서 싸울 것이다.

also
[ɔ́ːlsou]

부사 또한
If you go, I will **also** go.
네가 가면 나도 가겠다.

always
[ɔ́ːlweiz]

부사 항상
This flower is **always** pretty.
이 꽃은 항상 예쁘다.

another
[ənʌ́ðər]

형용사 또 하나의
One man`s meat is **another** man`s poison.
[속담] 갑의 약은 을의 독.

area
[ɛ́əriə]

명사 지역
The kitchen is an **area** where we cook food.
부엌은 우리가 음식을 요리하는 지역이다.

around
[əráund]

전치사 ~의 주위에
They sat **around** the campfire.
그들은 모닥불 주위에 둘러앉았다.

away
[əwéi]

부사 떨어져서
The hotel is three miles **away**.
그 호텔은 3마일 떨어져 있다.

bad
[bæd]

형용사 나쁜
It is **bad** to steal.
도둑질하는 것은 나쁘다.

become
[bikʌ́m]

동사 되다
She **became** a famous singer.
그녀는 유명한 가수가 되었다.

다음 우리말을 영어로 쓰세요.

점 수 :

① 다시

② 에 반대하여

③ 또한

④ 항상

⑤ 또 하나의

⑥ 지역

⑦ 의 주위에

⑧ 떨어져서

⑨ 나쁜

⑩ 되다

MEMO

before
[bifɔ́ːr]

전치사 ~전에
I watch television **before** dinner.
나는 저녁식사 전에 텔레비전을 본다.

begin
[bigín]

동사 시작하다
Charity **begins** at home.
[속담] 자선은 가정에서 시작된다.

believe
[bilíːv]

동사 믿다
I **believe** you.
나는 너를 믿는다.

between
[bitwíːn]

전치사 ~사이에
There is a big river **between** the two cities.
두 도시 사이에 큰 강이 있다.

big
[big]

형용사 큰
A whale is **bigger** than a shark.
고래는 상어보다 더 크다.

black
[blæk]

형용사 검은
He likes a **black** cat.
그는 검은 고양이를 좋아한다.

book
[buk]

명사 책
This is a **book**.
이것은 책이다.

bring
[briŋ]

동사 가져오다
She **brought** her umbrella from home.
그녀는 집에서 그녀의 우산을 가져왔다.

case
[keis]

명사 경우
In most **cases**, his answers are right.
대부분의 경우 그의 대답은 옳다.

company
[kʌ́mpəni]

명사 회사
He runs his own **company**.
그는 자신의 회사를 운영한다.

다음 우리말을 영어로 쓰세요.

점 수 :

① 전에

_____

② 시작하다

_____

③ 믿다

_____

④ 사이에

_____

⑤ 큰

_____

⑥ 검은

_____

⑦ 책

_____

⑧ 가져오다

_____

⑨ 경우

_____

⑩ 회사

_____

MEMO

country
[kʌ́ntri]

명사 **나라**
I want to visit a lot of **countries**.
나는 많은 나라들을 방문하기를 원한다.

during
[dúriŋ]

전치사 **~동안에**
We skate on the lake **during** winter.
우리는 겨울 동안에 호수에서 스케이트를 탄다.

end
[end]

명사 **끝**
A drugstore is at the **end** of the street.
약국은 그 길의 끝에 있다.

every
[évri]

형용사 **모든**
Every boy in the class passed the examination.
그 학급의 모든 소년들은 시험에 합격했다.

eye
[ai]

명사 **눈**
Close your **eyes**.
너의 눈을 감아라.

fact
[fækt]

명사 **사실**
It is a clear **fact**.
그것은 명백한 사실이다.

family
[fǽmili]

명사 **가족**
The ultimate purpose of life is to build a **family** of love.
인생의 궁극적인 목적은 사랑으로 된 가족을 이루는 것이다.

far
[fɑːr]

부사 **멀리**
How **far** is it from here to the station?
여기에서 역까지는 얼마나 머니?

father
[fɑ́ːðər]

명사 **아버지**
My **father** met my mother in college.
나의 아버지는 대학에서 나의 어머니를 만났다.

first
[fəːrst]

수사 **제1의 첫 번째의**
The **first** train starts at 5:30 a.m.
첫차는 오전 5시 30분에 출발합니다.

다음 우리말을 영어로 쓰세요.

점 수 :

① 나라

② 동안에

③ 끝

④ 모든

⑤ 눈

⑥ 사실

⑦ 가족

⑧ 멀리

⑨ 아버지

⑩ 첫 번째의

MEMO

friend
[frend]

| 명사 | 친구 |

Friends are made in wine and proved in tears.
[속담] 친구는 술로 만들어지고 눈물로 증명된다.

game
[geim]

| 명사 | 게임 |

He likes to play computer **games**.
그는 컴퓨터 게임하는 것을 좋아한다.

great
[greit]

| 형용사 | 큰 |

Whales are the **greatest** animals in the sea.
고래는 바다에서 가장 큰 동물이다.

group
[gru:p]

| 명사 | 그룹 |

A **group** of children are playing baseball in the park.
한 무리의 아이들이 공원에서 야구를 하고 있다.

hand
[hænd]

| 명사 | 손 |

I took her by the **hand**.
나는 그녀의 손을 잡았다.

head
[hed]

| 명사 | 머리 |

Don`t put your **head** out of the window.
창문 밖으로 너의 머리를 내밀지 마라.

help
[help]

| 동사 | 돕다 |

Heaven helps those who **help** themselves.
[속담] 하늘은 스스로 돕는 자를 돕는다.

high
[hai]

| 형용사 | 높은 |

The mountain is very **high**.
그 산은 매우 높다.

hold
[hould]

| 동사 | 잡다 |

The girl was **holding** her father`s hand.
그 소녀는 아버지의 손을 잡고 있었다.

home
[houm]

| 명사 | 가정 |

The earthquake brought sorrow to many **homes**.
그 지진은 많은 가정에 슬픔을 가져왔다.

다음 우리말을 영어로 쓰세요.

점수 :

① 친구 _____

② 게임 _____

③ 큰 _____

④ 그룹 _____

⑤ 손 _____

⑥ 머리 _____

⑦ 돕다 _____

⑧ 높은 _____

⑨ 잡다 _____

⑩ 가정 _____

MEMO

hour
[auər]

명사 **1시간**
There are 24 **hours** in a day.
하루는 24시간이다.

house
[haus]

명사 **집**
This is the **house** he lives in.
이것이 그가 살고 있는 집이다.

job
[dʒɑb]

명사 **직업**
I`m looking for a new **job**.
나는 새로운 직업을 찾고 있다.

keep
[ki:p]

동사 **지키다**
The best way to **keep** one`s word is not to give it.
약속을 지키는 최고의 방법은 약속을 하지 않는 것이다.

kind
[kaind]

형용사 **친절한**
She is a **kind** nurse.
그녀는 친절한 간호사이다.

large
[lɑ:rdʒ]

형용사 **큰**
This room is **larger** than that one.
이 방이 저 방보다 더 크다.

life
[laif]

명사 **생명**
Animals and plants have **life**.
동물과 식물은 생명이 있다.

line
[lain]

명사 **선**
I drew a straight **line** on the paper.
나는 종이에 직선을 그었다.

little
[lítl]

형용사 **양이 적은**
There is **little** water in the bottle.
병 속에는 물이 거의 없다.

live
[liv]

동사 **살다**
I have **lived** here for ten years.
나는 여기서 10년 동안 살아왔다.

다음 우리말을 영어로 쓰세요.

점 수 :

① 1시간

② 집

③ 직업

④ 지키다

⑤ 친절한

⑥ 큰

⑦ 생명

⑧ 선

⑨ 양이 적은

⑩ 살다

MEMO

long
[lɔːŋ]

형용사 **긴**
She has a **long** hair.
그녀는 긴 머리카락을 가지고 있다.

---

meet
[miːt]

동사 **만나다**
Let`s **meet** here again tomorrow.
내일 여기서 다시 만납시다.

---

might
[mait]

조동사 **~ 해도 좋다**
I told him that he **might** go.
나는 그에게 가도 좋다고 말했다.

---

money
[mʌ́ni]

명사 **돈**
Money is like a sixth sense.
돈은 여섯 번째의 감각과 같다.

---

month
[mʌnθ]

명사 **월**
How many **months** are there in a year?
일 년에 얼마나 많은 달이 있습니까?

---

mother
[mʌ́ðər]

명사 **어머니**
Experience is the **mother** of wisdom.
[속담] 경험은 지혜의 어머니이다.

---

move
[muːv]

동사 **움직이다**
Don`t **move** your hands.
너의 손을 움직이지 마라.

---

much
[mʌtʃ]

형용사 **양이 많은**
Is there **much** water in the lake?
그 호수에 많은 물이 있습니까?

---

must
[mʌst]

조동사 **~해야만 한다**
Man **must** eat to live.
사람은 살기 위해서 먹어야 한다.

---

next
[nekst]

형용사 **다음의**
He will be fourteen **next** year.
그는 내년에 14살이 된다.

다음 우리말을 영어로 쓰세요.

점 수 :

① 긴

② 만나다

③ 해도 좋다

④ 돈

⑤ 월

⑥ 어머니

⑦ 움직이다

⑧ 양이 많은

⑨ 해야만 한다

⑩ 다음의

MEMO

night
[nait]

명사 밤
I went to bed early last **night**.
나는 어젯밤 일찍 잠자리에 들었다.

number
[nʌ́mbər]

명사 수
The **number** of cars is increasing rapidly.
자동차의 수가 빠르게 증가하고 있다.

off
[ɔːf]

부사 떨어져서
He stood ten meters **off**.
그는 10미터 떨어져서 서있었다.

often
[ɔ́ːfn]

부사 종종
I **often** take a walk after breakfast.
나는 종종 아침식사 후에 산책을 한다.

old
[ould]

형용사 늙은
Be kind to the **old** people.
노인들에게 친절해라.

pants
[pænts]

명사 바지
Where did you get these **pants**?
너는 이 바지를 어디서 샀니?

part
[pɑːrt]

명사 부분
Which **part** of the play did you like best?
당신은 그 연극의 어느 부분이 제일 좋았습니까?

pay
[pei]

동사 지불하다
He **paid** ten dollars for this book.
그는 이 책값으로 10달러를 지불했다.

place
[pleis]

명사 장소
This room is the sunniest **place** in the house.
이 방은 그 집에서 가장 햇볕이 잘 드는 장소이다.

play
[plei]

동사 놀다
Tom is **playing** with his new toy car.
탐은 그의 새로운 장난감 자동차를 가지고 놀고 있다.

다음 우리말을 영어로 쓰세요.

점 수 :

① 밤

② 수

③ 떨어져서

④ 종종

⑤ 늙은

⑥ 바지

⑦ 부분

⑧ 지불하다

⑨ 장소

⑩ 놀다

MEMO

point [pɔint]	명사	**점수**
		He scored 12 **points** in the basketball game.
		그는 농구 경기에서 12점을 득점했다.

problem [prábləm]	명사	**문제**
		He tried to solve the **problem**.
		그는 그 문제를 풀려고 노력했다.

program [próugræm]	명사	**프로그램**
		The **program** allows you to edit your photographs.
		이 프로그램은 사진을 편집할 수 있게 해준다.

put [put]	동사	**놓다**
		She **put** plates on the table.
		그녀는 탁자 위에 접시를 놓았다.

right [rait]	형용사	**오른쪽의**
		He raised his **right** hand.
		그는 그의 오른손을 들었다.

room [ru:m]	명사	**방**
		This house has 5 **rooms**.
		이 집은 5개의 방을 가지고 있다.

run [rʌn]	동사	**달리다**
		If you **run** after two hares, you will catch neither.
		[속담] 두 마리 토끼를 쫓으면 한 마리도 잡지 못한다.

same [seim]	형용사	**같은**
		All the butterflies were the **same** color.
		모든 나비들은 같은 색이었다.

service [sə́:rvis]	명사	**서비스**
		The **service** in that restaurant was very good.
		저 식당의 서비스는 매우 좋았다.

should [ʃud]	조동사	**~해야 한다**
		You **should** be punctual.
		너는 시간을 엄수해야 한다.

다음 우리말을 영어로 쓰세요.

점 수 :

① 점수

② 문제

③ 프로그램

④ 놓다

⑤ 오른쪽의

⑥ 방

⑦ 달리다

⑧ 같은

⑨ 서비스

⑩ 해야 한다

MEMO

side [said]	명사	**사이드** One **side** of the box is red. 그 상자의 한 면은 빨간색이다.
sit [sit]	동사	**앉다** The old woman is **sitting** on the bench. 그 노부인은 벤치에 앉아 있다.
small [smɔːl]	형용사	**작은** This hat is too **small** for me. 이 모자는 나에게 너무 작다.
stand [stænd]	동사	**서다** A boy is **standing** under the tree. 한 소년이 나무 아래에 서있다.
start [stɑːrt]	동사	**시작하다** They **started** their work. 그들은 그들의 일을 시작했다.
story [stɔ́ːri]	명사	**이야기** Mother told me the **story** of the hare and the tortoise. 어머니는 나에게 토끼와 거북이의 이야기를 해주셨다.
study [stʌ́di]	동사	**공부하다** He **studied** medicine in Germany. 그는 독일에서 의학을 공부했다.
talk [tɔːk]	동사	**말하다** She **talks** too much. 그녀는 너무 말이 많다.
three [θriː]	수사	**3 셋** We went to the park at **three**. 우리는 3시에 공원에 갔다.
today [tədéi]	부사	**오늘** It is Sunday **today**. 오늘은 일요일이다.

다음 우리말을 영어로 쓰세요.

점 수 :

① 사이드

② 앉다

③ 작은

④ 서다

⑤ 시작하다

⑥ 이야기

⑦ 공부하다

⑧ 말하다

⑨ 셋

⑩ 오늘

MEMO

turn [təːrn]	동사	**돌다** **Turn** to the right at the next corner. 다음 모퉁이에서 오른쪽으로 도시오.
under [ʌndər]	전치사	**아래에** The dog is **under** the table. 개는 테이블 아래에 있다.
water [wɔ́ːtər]	명사	**물** Still **waters** run deep. [속담] 조용히 흐르는 물은 깊다.
week [wiːk]	명사	**주** A **week** has seven days. 일주일은 7일을 가지고 있다.
where [hwɛər]	의문부사	**어디에** **Where** do you live? 당신은 어디에 삽니까?
why [hwai]	의문부사	**왜** **Why** do you think so? 당신은 왜 그렇게 생각합니까?
word [wəːrd]	명사	**단어** He left us without a **word**. 그는 말 한마디 없이 우리를 떠났다.
write [rait]	동사	**쓰다** **Write** your name here. 여기에 당신의 이름을 쓰세요.
yes [jes]	감탄사	**예** "Can you swim?" "**Yes**, I can." 헤엄칠 줄 아니? 그래, 칠 줄 알아.
young [jʌŋ]	형용사	**젊은** The **young** man likes adventures. 그 젊은이는 모험을 좋아한다.

다음 우리말을 영어로 쓰세요.

점 수 :

① 돌다

_____

② 아래에

_____

③ 물

_____

④ 주

_____

⑤ 어디에

_____

⑥ 왜

_____

⑦ 단어

_____

⑧ 쓰다

_____

⑨ 예

_____

⑩ 젊은

_____

MEMO

Elementary English Words

4-1

SUPREME

4학년 1학기 영단어

across [əkrɔ́:s]	전치사 **~을 가로질러** He swam **across** the river. 그는 강을 가로질러 수영했다.
add [æd]	동사 **더하다** He **added** sugar to his coffee. 그는 커피에 설탕을 더했다.
age [eidʒ]	명사 **나이** We are of an **age**. 우리는 동갑이다.
ago [əgóu]	부사 **전에** A baby was born a week **ago**. 아기는 일주일 전에 태어났다.
air [ɛər]	명사 **공기** How fresh the **air** is! 공기가 매우 상쾌하구나!
almost [ɔ́:lmoust]	부사 **거의** It's **almost** three o'clock. 거의 3시이다.
along [əlɔ́:ŋ]	전치사 **~을 따라** They were walking **along** the street. 그들은 거리를 따라 걷고 있었다.
already [ɔ:lrédi]	부사 **벌써** I have **already** seen him. 나는 벌써 그를 만났다.
arm [ɑːrm]	명사 **팔** Her baby fell asleep in her **arm**. 그녀의 아기는 그녀의 팔에서 잠들었다.
behind [biháind]	전치사 **~의 뒤에** Who is standing **behind** the tree? 누가 나무 뒤에 서있니?

다음 우리말을 영어로 쓰세요.

점 수 :

① 을 가로질러

② 더하다

③ 나이

④ 전에

⑤ 공기

⑥ 거의

⑦ 을 따라

⑧ 벌써

⑨ 팔

⑩ 의 뒤에

MEMO

body
[bádi]

명사 몸
He has a strong **body**.
그는 튼튼한 몸을 가지고 있다.

both
[bouθ]

형용사 둘 다의
There are many shops on **both** sides of the street.
거리의 양쪽에 많은 상점들이 있다.

boy
[bɔːi]

명사 소년
Who is that **boy**?
저 소년은 누구니?

break
[breik]

동사 깨뜨리다
Who **broke** this vase?
누가 이 꽃병을 깨뜨렸냐?

build
[bild]

동사 짓다
Rome was not **built** in a day.
[속담] 로마는 하루아침에 이루어지지 않았다.

business
[bíznis]

명사 사업
He went to Shanghai on **business**.
그는 사업차 상하이에 갔다.

buy
[bai]

동사 사다
She **buys** food at the supermarket.
그녀는 슈퍼마켓에서 음식을 산다.

car
[kɑːr]

명사 자동차
We went by **car**.
우리는 자동차로 갔다.

care
[kɛər]

명사 돌봄
Mother is always busy with the **care** of the children.
어머니는 아이들을 돌보느라 항상 바쁘다.

carry
[kǽri]

동사 나르다
Trucks **carry** goods to market.
트럭은 상품을 시장으로 나른다.

다음 우리말을 영어로 쓰세요.

점 수 :

① 몸

② 둘 다의

③ 소년

④ 깨뜨리다

⑤ 짓다

⑥ 사업

⑦ 사다

⑧ 자동차

⑨ 돌봄

⑩ 나르다

MEMO

change
[tʃeindʒ]

동사 바꾸다
Heat **changes** water into steam.
열은 물을 수증기로 바꾼다.

city
[síti]

명사 도시
Seoul is the largest **city** in Korea.
서울은 한국에서 가장 큰 도시이다.

class
[klæs]

명사 학급
How many students are there in your **class**?
몇 명의 학생들이 너의 학급에 있니?

course
[kɔːrs]

명사 과정
She completed her high school **course**.
그녀는 고등학교 과정을 마쳤다.

cut
[kʌt]

동사 자르다
He **cut** the cake.
그는 그 케이크를 잘랐다.

die
[dai]

동사 죽다
He **died** at the age of 92.
그는 92세의 나이로 죽었다.

door
[dɔːr]

명사 문
Hard work is the **door** to success.
[속담] 노력은 성공으로 가는 문이다.

drive
[draiv]

동사 운전하다
Tom is **driving** his car.
탐은 그의 차를 운전하고 있다.

early
[ə́ːrli]

부사 일찍
I get up **early** in the morning.
나는 아침에 일찍 일어난다.

enough
[inʌ́f]

형용사 충분한
I have **enough** money to buy it.
나는 그것을 살 충분한 돈을 가지고 있다.

다음 우리말을 영어로 쓰세요.

점 수 :

① 바꾸다

② 도시

③ 학급

④ 과정

⑤ 자르다

⑥ 죽다

⑦ 문

⑧ 운전하다

⑨ 일찍

⑩ 충분한

MEMO

face
[feis]

명사 얼굴
She is washing her **face**.
그녀는 그녀의 얼굴을 씻고 있다.

fall
[fɔːl]

동사 떨어지다
The bus **fell** into the river.
버스가 강 속으로 떨어졌다.

field
[fiːld]

명사 들판
He is working in the **field**.
그는 들판에서 일하고 있다.

five
[faiv]

수사 5 다섯
I get up at **five** every morning.
나는 매일 아침 5시에 일어난다.

food
[fuːd]

명사 음식
There was much **food** on the table.
많은 음식이 탁자 위에 있었다.

foot
[fut]

명사 발
Each **foot** has five toes.
각각의 발은 다섯 개의 발가락을 가지고 있다.

four
[fɔːr]

수사 4 넷
School is over at **four**.
학교는 4시에 끝난다.

free
[friː]

형용사 자유의
Animals in a zoo are not **free**.
동물원의 동물들은 자유롭지 않다.

full
[ful]

형용사 가득 찬
Life is **full** of ups and downs.
인생은 오르막과 내리막으로 가득 차있다.

girl
[gəːrl]

명사 소녀
There are eleven **girls** in my class.
열한 명의 소녀들이 나의 반에 있다.

다음 우리말을 영어로 쓰세요.   점 수 :

① 얼굴

② 떨어지다

③ 들판

④ 다섯

⑤ 음식

⑥ 발

⑦ 넷

⑧ 자유의

⑨ 가득 찬

⑩ 소녀

MEMO

ground
[graund]

> 명사 **땅**
> The **ground** is covered with snow.
> 땅은 눈으로 덮여 있다.

grow
[grou]

> 동사 **자라다**
> She has **grown** into a beautiful woman.
> 그녀는 아름다운 여성으로 성장했다.

hard
[hɑ:rd]

> 형용사 **딱딱한**
> He likes a **hard** bed.
> 그는 딱딱한 침대를 좋아한다.

heart
[hɑ:rt]

> 명사 **심장**
> His **heart** was beating fast.
> 그의 심장은 빨리 뛰고 있었다.

hope
[houp]

> 명사 **희망**
> While there is life, there is **hope**.
> [속담] 목숨이 붙어 있는 한 희망이 있다.

however
[hauévər]

> 부사 **아무리 ~해도**
> **However** tired you may be, you must do it.
> 아무리 피곤해도 당신은 그것을 해야 합니다.

idea
[aidí:ə]

> 명사 **발상**
> That`s a good **idea**.
> 그것은 좋은 생각이다.

issue
[íʃu:]

> 명사 **쟁점**
> It is an international **issue**.
> 그것은 국제적인 이슈이다.

join
[dʒɔin]

> 동사 **가입하다**
> I **joined** the tennis club.
> 나는 테니스 클럽에 가입했다.

kid
[kid]

> 명사 **아이**
> I took the **kids** to the park.
> 나는 아이들을 공원에 데리고 갔다.

다음 우리말을 영어로 쓰세요.

점 수 :

① 땅

② 자라다

③ 딱딱한

④ 심장

⑤ 희망

⑥ 아무리 ～해도

⑦ 발상

⑧ 쟁점

⑨ 가입하다

⑩ 아이

MEMO

kill
[kil]

동사 **죽이다**
Don`t **kill** the goose that lays the golden eggs.
[속담] 황금알을 낳는 거위를 죽이지 마라.

late
[leit]

형용사 **늦은**
He was **late** for school this morning.
그는 오늘 아침 학교에 지각했다.

learn
[ləːrn]

동사 **배우다**
It is important to **learn** early to rely upon yourself.
너 자신을 의지하는 것을 일찍 배우는 것이 중요하다.

light
[lait]

명사 **빛**
I saw a **light** in the distance.
나는 멀리서 불빛을 보았다.

love
[lʌv]

명사 **사랑**
She has a deep **love** for her parents.
그녀는 부모님께 깊은 사랑을 가지고 있다.

low
[lou]

형용사 **낮은**
My house stands on a **low** hill.
나의 집은 낮은 언덕에 서있다.

market
[máːrkit]

명사 **시장**
People buy fruits and vegetables at this **market**.
사람들은 이 시장에서 과일과 야채를 산다.

member
[mémbər]

명사 **회원**
He is a **member** of the local tennis club.
그는 지역 테니스 클럽의 회원입니다.

model
[mádl]

명사 **모델**
He is a **model** of honesty.
그는 정직의 본보기이다.

morning
[mɔ́ːrniŋ]

명사 **아침**
He left early in the **morning**.
그는 아침 일찍 떠났다.

다음 우리말을 영어로 쓰세요.

점 수 :

① 죽이다

② 늦은

③ 배우다

④ 빛

⑤ 사랑

⑥ 낮은

⑦ 시장

⑧ 회원

⑨ 모델

⑩ 아침

MEMO

music
[mjúːzik]

명사 음악
She likes **music** very much.
그녀는 음악을 매우 많이 좋아한다.

name
[neim]

명사 이름
What is your **name**?
이름이 무엇입니까?

nothing
[nʌ́θiŋ]

대명사 아무것도 ~않다
There was **nothing** in her bag.
그녀의 가방에는 아무것도 없었다.

office
[ɔ́ːfis]

명사 사무실
His **office** is on the third floor.
그의 사무실은 3층에 있다.

paper
[péipər]

명사 종이
Can you give me a sheet of **paper**?
너는 나에게 종이 한 장을 줄 수 있니?

parent
[péərənt]

명사 어버이
Idleness is the **parent** of all vice.
[속담] 게으름은 모든 악덕의 근원이다.

party
[páːrti]

명사 파티
I invited her to my birthday **party**.
나는 나의 생일파티에 그녀를 초대했다.

pass
[pæs]

동사 지나가다
We **passed** through the village.
우리는 그 마을을 통해서 지나갔다.

plan
[plæn]

명사 계획
We made a **plan** for the trip.
우리는 여행 계획을 세웠다.

police
[pəlíːs]

명사 경찰
She called the **police**.
그녀는 경찰을 불렀다.

다음 우리말을 영어로 쓰세요.

점 수 :

① 음악

② 이름

③ 아무것도 ~않다

④ 사무실

⑤ 종이

⑥ 어버이

⑦ 파티

⑧ 지나가다

⑨ 계획

⑩ 경찰

MEMO

power [páuər]	명사	힘
		Electric **power** runs the machinery in the factory.
		전력은 공장의 기계를 가동시킨다.

read [riːd]	동사	읽다
		He **reads** a newspaper every morning.
		그는 매일 아침 신문을 읽는다.

remember [rimémbər]	동사	기억하다
		I **remember** reading this book.
		나는 이 책을 읽은 것을 기억한다.

return [ritə́ːrn]	동사	돌아오다
		He has just **returned** from his trip.
		그는 여행에서 막 돌아왔다.

road [roud]	명사	도로
		There are sheep on the **road**.
		양들이 길 위에 있다.

season [síːzn]	명사	계절
		There are four **seasons** in a year.
		1년에는 4계절이 있다.

sell [sel]	동사	팔다
		Her mother **sells** flowers.
		그녀의 어머니는 꽃을 판다.

send [send]	동사	보내다
		Please **send** me a picture of you.
		나에게 당신의 사진을 보내주세요.

set [set]	동사	놓다
		He **set** the vase on the table.
		그는 탁자 위에 꽃병을 놓았다.

show [ʃou]	동사	보여주다
		He **showed** me the picture of his father.
		그는 나에게 그의 아버지의 사진을 보여주었다.

다음 우리말을 영어로 쓰세요.

점 수 :

① 힘

② 읽다

③ 기억하다

④ 돌아오다

⑤ 도로

⑥ 계절

⑦ 팔다

⑧ 보내다

⑨ 놓다

⑩ 보여주다

MEMO

son
[sʌn]

명사 **아들**
A father lives after death in his **son**.
[속담] 아버지는 죽어서도 그 아들 속에 살아 있다.

space
[speis]

명사 **우주**
Astronauts explored **space**.
우주비행사들이 우주를 탐험했다.

speak
[spi:k]

동사 **말하다**
Actions **speak** louder than words.
[속담] 행동이 말보다 더 큰소리로 말한다.

stay
[stei]

동사 **머물다**
I **stayed** at home all day yesterday.
나는 어제 하루 종일 집에 머물렀다.

stop
[stɑp]

동사 **멈추다**
He **stopped** the car in the park.
그는 공원에서 차를 멈추었다.

strong
[strɔ:ŋ]

형용사 **힘이 센**
He is **stronger** than I am.
그는 나보다 더 힘이 세다.

sure
[ʃuər]

형용사 **확신하는**
I am **sure** that he will come.
나는 그가 올 것이라고 확신한다.

team
[ti:m]

명사 **팀**
There are nine players on a baseball **team**.
한 야구팀에는 9명의 선수가 있다.

thank
[θæŋk]

동사 **감사하다**
Thank you very much.
대단히 감사합니다.

together
[təgéðər]

부사 **함께**
Birds of a feather flock **together**.
[속담] 같은 깃털을 가진 새들끼리 모인다.

다음 우리말을 영어로 쓰세요.

점 수 :

① 아들 --

② 우주 --

③ 말하다 --

④ 머물다 --

⑤ 멈추다 --

⑥ 힘이 센 --

⑦ 확신하는 --

⑧ 팀 --

⑨ 감사하다 --

⑩ 함께 --

MEMO

town
[taun]

명사 소도시
They live in a small **town**.
그들은 작은 읍에 살고 있다.

true
[tru:]

형용사 진실한
A **true** friend helps you when you`re in trouble.
진실한 친구는 네가 곤경에 처해 있을 때 너를 돕는다.

understand
[ʌndərstænd]

동사 이해하다
He is too young to **understand** it.
그는 너무 어려서 그것을 이해할 수 없다.

wait
[weit]

동사 기다리다
Time and tide **wait** for no man.
[속담] 세월은 사람을 기다려주지 않는다.

walk
[wɔːk]

동사 걷다
I`m too tired to **walk** any more.
나는 너무 피곤해서 더 이상 걸을 수 없다.

war
[wɔːr]

명사 전쟁
If you want peace, prepare for **war**.
평화를 원한다면 전쟁을 준비하라.

watch
[wɑtʃ]

동사 지켜보다
I like to **watch** television.
나는 텔레비전 보는 것을 좋아한다.

wear
[wɛər]

동사 입다
She **wears** a beautiful dress.
그녀는 아름다운 드레스를 입고 있다.

white
[wait]

형용사 흰색의
This rose is **white**.
이 장미꽃은 하얗다.

win
[win]

동사 이기다
Our team **won** the game three to two.
우리 팀이 게임을 3대 2로 이겼다.

다음 우리말을 영어로 쓰세요.

점 수 :

① 소도시

② 진실한

③ 이해하다

④ 기다리다

⑤ 걷다

⑥ 전쟁

⑦ 지켜보다

⑧ 입다

⑨ 흰색의

⑩ 이기다

MEMO

Elementary English Words

4-2

SUPREME
4학년 2학기 영단어

act
[ækt]

> 동사 · 행동하다
> You must **act** more wisely.
> 너는 더 현명하게 행동해야 한다.

agree
[əgríː]

> 동사 동의하다
> I **agree** with him.
> 나는 그의 의견에 동의한다.

airplane
[ɛ́ərplèin]

> 명사 비행기 cf. aeroplane (영국식)
> They arrived in Vietnam by **airplane**.
> 그들은 비행기로 베트남에 도착했다.

animal
[ǽniməl]

> 명사 동물
> There are a lot of wild **animals** in the zoo.
> 동물원에는 많은 야생 동물들이 있다.

answer
[ǽnsər]

> 동사 대답하다
> Please **answer** me as soon as possible.
> 가능한 한 빨리 대답해 주세요.

arrive
[əráiv]

> 동사 도착하다
> He **arrived** at the hotel.
> 그는 호텔에 도착했다.

art
[ɑːrt]

> 명사 예술
> Life is short, **art** is long.
> 인생은 짧고 예술은 길다.

baby
[béibi]

> 명사 아기
> The **baby** needs milk.
> 아기는 우유를 필요로 한다.

bank
[bæŋk]

> 명사 은행
> I keep some money in the **bank**.
> 나는 은행에 약간의 돈을 보관하고 있다.

base
[beis]

> 명사 기초
> The **base** of the statue is cement.
> 그 조각상의 토대는 시멘트이다.

다음 우리말을 영어로 쓰세요.

점 수 :

① 행동하다

② 동의하다

③ 비행기

④ 동물

⑤ 대답하다

⑥ 도착하다

⑦ 예술

⑧ 아기

⑨ 은행

⑩ 기초

MEMO

bed [bed]	명사	침대 A baby is sleeping in the **bed**. 아기가 침대에서 자고 있다.
blue [bluː]	형용사	파란 The sky is **blue**. 하늘은 푸르다.
board [bɔːrd]	명사	판자 He built a TV stand from a wooden **board**. 그는 나무판자로 TV 스탠드를 만들었다.
box [bɑks]	명사	상자 The **box** is full of books. 그 상자는 책으로 가득 차있다.
brother [brʌðər]	명사	형제 How many **brothers** do you have? 형제가 몇 명입니까?
catch [kætʃ]	동사	잡다 The early bird **catches** the worm. [속담] 일찍 일어나는 새가 벌레를 잡는다.
center [séntər]	명사	중앙 Our school is in the **center** of the city. 우리의 학교는 도시의 중앙에 있다.
chance [tʃæns]	명사	기회 Give me a **chance** to kick the ball. 나에게 공을 찰 기회를 주어라.
church [tʃəːrtʃ]	명사	교회 There is a **church** on the hill. 교회가 언덕 위에 있다.
close [klouz]	동사	닫다 **Close** the door. 문을 닫아라.

다음 우리말을 영어로 쓰세요.　　　　　점 수 :

① 침대 ⟶

② 파란 ⟶

③ 판자 ⟶

④ 상자 ⟶

⑤ 형제 ⟶

⑥ 잡다 ⟶

⑦ 중앙 ⟶

⑧ 기회 ⟶

⑨ 교회 ⟶

⑩ 닫다 ⟶

MEMO

college
[kálidʒ]

명사 대학
The **college** is next to the station.
대학은 역 옆에 있다.

color
[kʌ́lər]

명사 색깔
What **color** do you like?
너는 무슨 색을 좋아하니?

control
[kəntróul]

명사 통제
The teacher had no **control** over the children.
그 교사는 아이들을 통제하지 못했다.

couple
[kʌ́pl]

명사 커플
The young **couple** could not decide which house to buy.
그 젊은 부부는 어떤 집을 살지를 결정할 수 없었다.

cover
[kʌ́vər]

동사 덮다
Snow **covered** the whole city.
눈이 온 도시를 덮었다.

cup
[kʌp]

명사 컵
I broke a **cup** in the kitchen.
나는 부엌에서 컵을 깨뜨렸다.

daughter
[dɔ́ːtər]

명사 딸
My **daughter** graduates from university today.
나의 딸은 오늘 대학교를 졸업한다.

dead
[ded]

형용사 죽은
My grandmother is **dead**.
나의 할머니는 돌아가셨다.

death
[deθ]

명사 사망
He was shocked at his grandfather`s **death**.
그는 할아버지의 사망에 충격을 받았다.

decide
[disáid]

동사 결심하다
He has **decided** to become a scientist.
그는 과학자가 되려고 결심했다.

다음 우리말을 영어로 쓰세요.

점 수 :

① 대학

② 색깔

③ 통제

④ 커플

⑤ 덮다

⑥ 컵

⑦ 딸

⑧ 죽은

⑨ 사망

⑩ 결심하다

MEMO

doctor
[dάktər]

명사　의사
You had better see a **doctor** at once.
너는 즉시 병원에 가는 게 좋겠다.

dog
[dɔːg]

명사　개
A barking **dog** seldom bites.
[속담] 짖는 개는 물지 않는다.

draw
[drɔː]

동사　그리다
She **draws** animals very well.
그녀는 동물을 매우 잘 그린다.

drop
[drɑp]

동사　떨어뜨리다
She **dropped** an egg on the floor.
그녀는 바닥에 계란을 떨어뜨렸다.

east
[iːst]

명사　동쪽
The sun rises in the **east**.
해는 동쪽에서 뜬다.

eat
[iːt]

동사　먹다
I want to **eat** a big hamburger.
나는 큰 햄버거를 먹기를 원한다.

fight
[fait]

동사　싸우다
They **fought** for their country.
그들은 조국을 위해 싸웠다.

fill
[fil]

동사　채우다
He **filled** the pail with sand.
그는 양동이를 모래로 채웠다.

film
[film]

명사　영화
We saw a **film** about dogs.
우리는 개에 관한 영화를 보았다.

fine
[fain]

형용사　좋은
Fine wines are expensive.
좋은 와인은 비싸다.

다음 우리말을 영어로 쓰세요.

점 수 :

① 의사 ....

② 개 ....

③ 그리다 ....

④ 떨어뜨리다 ....

⑤ 동쪽 ....

⑥ 먹다 ....

⑦ 싸우다 ....

⑧ 채우다 ....

⑨ 영화 ....

⑩ 좋은 ....

MEMO

fire
[faiər]

명사 **불**
A burnt child dreads the **fire**.
[속담] 불에 덴 아이는 불을 무서워한다.

floor
[flɔːr]

명사 **바닥**
A mouse is running across the kitchen **floor**.
쥐 한 마리가 부엌 바닥을 가로질러 달리고 있다.

form
[fɔːrm]

명사 **모양**
Clouds have many different **forms**.
구름은 많은 다양한 모양을 가지고 있다.

glass
[glæs]

명사 **유리**
The window is made of **glass** and iron.
그 창문은 유리와 철로 만들어졌다.

guy
[gai]

명사 **사내**
He is a nice **guy**.
그는 좋은 녀석이다.

hair
[hɛər]

명사 **머리카락**
She combs her **hair** every morning.
그녀는 매일 아침 그녀의 머리를 빗는다.

happy
[hǽpi]

형용사 **행복한**
I am a **happy** man.
나는 행복한 남자이다.

history
[hístəri]

명사 **역사**
History is my favorite subject.
역사는 내가 가장 좋아하는 과목이다.

hit
[hit]

동사 **치다**
He **hit** the ball with the bat.
그는 방망이로 공을 쳤다.

hospital
[háspitl]

명사 **병원**
She is in the **hospital**.
그녀는 병원에 입원 중이다.

다음 우리말을 영어로 쓰세요.

점 수 :

① 불

----

② 바닥

----

③ 모양

----

④ 유리

----

⑤ 사내

----

⑥ 머리카락

----

⑦ 행복한

----

⑧ 역사

----

⑨ 치다

----

⑩ 병원

MEMO

hot
[hat]

형용사 **더운**
It is very **hot** today.
오늘은 매우 덥다.

human
[hjú:mən]

형용사 **인간의**
Air is essential to **human** life.
공기는 인간의 삶에 필수적이다.

hundred
[hʌ́ndrəd]

수사 **100 백**
A **hundred** minus thirty equals seventy.
100 빼기 30은 70이다.

land
[lænd]

명사 **육지**
The ship is coming toward the **land**.
배가 육지를 향해 오고 있다.

left
[left]

형용사 **왼쪽의**
I hold up my **left** hand.
나는 나의 왼손을 들었다.

letter
[létər]

명사 **편지**
I wrote her a **letter**.
나는 그녀에게 편지를 썼다.

lie
[lai]

동사 **눕다**
They **lay** down on the grass.
그들은 잔디 위에 누웠다.

listen
[lísn]

동사 **듣다**
He likes to **listen** to music.
그는 음악을 듣는 것을 좋아한다.

mind
[maind]

명사 **마음**
Her **mind** is filled with dreams of becoming a great actress.
그녀의 마음은 위대한 여배우가 되는 꿈으로 가득 차 있다.

movie
[mú:vi]

명사 **영화**
Let`s go to the **movies** tonight.
오늘 밤 영화 보러 갑시다.

다음 우리말을 영어로 쓰세요.

점수 :

① 더운

② 인간의

③ 백

④ 육지

⑤ 왼쪽의

⑥ 편지

⑦ 눕다

⑧ 듣다

⑨ 마음

⑩ 영화

MEMO

nation [néiʃən]	명사	**국가** Each **nation** has a flag of its own. 나라마다 그 나라 자체의 국기가 있다.
near [niər]	부사	**가까이** They live quite **near**. 그들은 아주 가까이 산다.
news [njuːz]	명사	**뉴스** Here is an interesting piece of **news**. 여기에 한 가지 재미있는 소식이 있다.
north [nɔːrθ]	명사	**북쪽** Russia is in the **north** of China. 러시아는 중국의 북쪽에 있다.
note [nout]	명사	**짧은 편지** My mother left a **note** on the table. 나의 어머니는 탁자 위에 짧은 편지를 남겼다.
oil [ɔil]	명사	**기름** He put **oil** in his car. 그는 그의 자동차에 기름을 넣었다.
okay [oukéi]	감탄사	**좋아 (=OK)** Can I take the car today? **Okay**. 내가 오늘 차 좀 써도 되나요? 그렇게 해.
open [óupən]	동사	**열다** **Open** the door, please. 문 좀 열어주세요.
page [peidʒ]	명사	**페이지** Open your books at **page** 20. 20페이지를 펴세요.
picture [píktʃər]	명사	**그림** I like to draw **pictures**. 나는 그림을 그리는 것을 좋아한다.

다음 우리말을 영어로 쓰세요.

점 수 :

① 국가

② 가까이

③ 뉴스

④ 북쪽

⑤ 짧은 편지

⑥ 기름

⑦ 좋아

⑧ 열다

⑨ 페이지

⑩ 그림

MEMO

poor [puər]	형용사	**가난한** We must help **poor** people. 우리는 가난한 사람들을 도와야 한다.
present [préznt]	형용사	**출석한** All the students in our class are **present** today. 오늘 우리 학급의 모든 학생들이 출석했다.
pretty [príti]	형용사	**예쁜** She is a **pretty** girl. 그녀는 예쁜 소녀이다.
push [puʃ]	동사	**밀다** **Push** the door. 문을 밀어라.
ready [rédi]	형용사	**준비가 된** Finally everything was **ready**. 마침내 모든 것이 준비되었다.
red [red]	형용사	**빨간색의** This is a **red** apple. 이것은 빨간 사과이다.
second [sékənd]	수사	**제2의 두 번째의** February is the **second** month of the year. 2월은 1년의 두 번째 달이다.
short [ʃɔːrt]	형용사	**짧은** This pencil is **shorter** than that one. 이 연필은 저 연필보다 더 짧다.
sister [sístər]	명사	**자매** How many **sisters** do you have? 너는 얼마나 많은 여자 형제를 가지고 있니?
six [siks]	수사	**6 여섯** **Six** plus four makes ten. 6 더하기 4는 10이다.

다음 우리말을 영어로 쓰세요.　　　　　점 수 :

① 가난한

② 출석한

③ 예쁜

④ 밀다

⑤ 준비가 된

⑥ 빨간색의

⑦ 두 번째의

⑧ 짧은

⑨ 자매

⑩ 여섯

MEMO

size
[saiz]

명사 크기
What **size** do you wear?
당신은 무슨 사이즈를 입으십니까?

sound
[saund]

명사 소리
I heard a strange **sound**.
나는 이상한 소리를 들었다.

south
[sauθ]

명사 남쪽
London is in the **south** of England.
런던은 영국의 남쪽에 있다.

sport
[spɔːrt]

명사 운동경기
My favorite **sport** is basketball.
내가 가장 좋아하는 운동은 농구이다.

star
[stɑːr]

명사 별
Stars are shining in the sky.
별들이 하늘에서 빛나고 있다.

store
[stɔːr]

명사 가게
She went into the **store**.
그녀는 가게 안으로 들어갔다.

street
[striːt]

명사 거리
Be careful when you cross the **street**.
네가 길을 건널 때 조심해라.

summer
[sʌ́mər]

명사 여름
One swallow does not make a **summer**.
[속담] 제비 한 마리가 왔다고 여름이 온 것은 아니다.

table
[téibl]

명사 탁자
Put the plates on the **table**.
접시들을 탁자 위에 놓아라.

teach
[tiːtʃ]

동사 가르치다
He **taught** me how to use the computer.
그는 나에게 컴퓨터를 어떻게 사용하는지를 가르쳐 주었다.

다음 우리말을 영어로 쓰세요.   점 수 :

① 크기 --

② 소리 --

③ 남쪽 --

④ 운동경기 --

⑤ 별 --

⑥ 가게 --

⑦ 거리 --

⑧ 여름 --

⑨ 탁자 --

⑩ 가르치다 --

MEMO

television [télivìʒən]	명사	텔레비전 I watched the baseball game on **television**. 나는 텔레비전으로 야구 경기를 보았다.
test [test]	명사	시험 He succeeded in the **test**. 그는 시험에 성공했다.
top [tap]	명사	꼭대기 The **top** of the mountain was covered with snow. 산꼭대기는 눈으로 덮여있었다.
tree [triː]	명사	나무 We took a rest under a **tree**. 우리는 나무 아래에서 쉬었다.
voice [vɔis]	명사	목소리 He spoke in a low **voice**. 그는 작은 소리로 말했다.
wall [wɔːl]	명사	벽 **Walls** have ears. [속담] 벽에도 귀가 있다.
west [west]	명사	서쪽 The sun sets in the **west**. 해는 서쪽으로 진다.
wife [waif]	명사	아내 He has a **wife**. 그는 아내가 있다.
window [wíndou]	명사	창문 Open the **window**, please. 창문 좀 열어주세요.
wrong [rɔːŋ]	형용사	잘못된 It is **wrong** of you to beat your brother. 네가 너의 동생을 때리는 것은 나쁘다.

다음 우리말을 영어로 쓰세요.

점 수 :

① 텔레비전

② 시험

③ 꼭대기

④ 나무

⑤ 목소리

⑥ 벽

⑦ 서쪽

⑧ 아내

⑨ 창문

⑩ 잘못된

MEMO

Elementary English Words

5-1

SUPREME

5학년 1학기 영단어

address
[ədrés]

명사 주소
He wrote the **address** on an envelope.
그는 봉투에 주소를 썼다.

afternoon
[æftərnúːn]

명사 오후
My mother usually goes shopping in the **afternoon**.
나의 어머니는 대개 오후에 쇼핑하러 가신다.

apartment
[əpáːrtmənt]

명사 아파트
The **apartments** in this area are very expensive.
이 지역의 아파트는 매우 비싸다.

bag
[bæg]

명사 가방
I bought a new **bag** at the department store.
나는 백화점에서 새 가방을 샀다.

ball
[bɔːl]

명사 공
He can throw a **ball** fast.
그는 공을 빠르게 던질 수 있다.

bird
[bəːrd]

명사 새
A **bird** in the hand is worth two in the bush.
[속담] 손안의 새 한 마리가 숲속의 새 두 마리보다 낫다.

blood
[blʌd]

명사 혈액
Blood is thicker than water.
[속담] 피는 물보다 진하다.

boat
[bout]

명사 작은 배
We took a **boat** on the lake.
우리는 호수에서 보트를 탔다.

bring
[briŋ]

동사 가져오다
She **brought** her umbrella from home.
그녀는 집에서 그녀의 우산을 가져왔다.

camera
[kǽmərə]

명사 카메라
He took pictures with his **camera**.
그는 그의 카메라로 사진을 찍었다.

다음 우리말을 영어로 쓰세요.

점 수 :

① 주소

② 오후

③ 아파트

④ 가방

⑤ 공

⑥ 새

⑦ 혈액

⑧ 작은 배

⑨ 가져오다

⑩ 카메라

MEMO

camp
[kæmp]

명사 | 야영
There is a nice **camp** near the lake.
호수 근처에 멋진 캠프가 있다.

campaign
[kæmpéin]

명사 | 캠페인
The **campaign** succeeded and he won the election.
캠페인이 성공하여 그는 선거에서 이겼다.

card
[kaːrd]

명사 | 카드
It is a pretty birthday **card**.
그것은 예쁜 생일 카드이다.

certain
[sə́ːrtn]

형용사 | 확신하는
She wasn't **certain** that he had seen her.
그녀는 그가 자기를 보았는지 확신이 서지 않았다.

chair
[tʃɛər]

명사 | 의자
This **chair** is too high for me.
이 의자는 나한테 너무 높다.

choose
[tʃuːz]

동사 | 고르다
She **chose** a nice present for him.
그녀는 그를 위해 좋은 선물을 골랐다.

clear
[kliər]

형용사 | 분명한
She gave me **clear** and precise directions.
그녀는 나에게 분명하고 정확한 지시를 했다.

club
[klʌb]

명사 | 클럽
I belong to the tennis **club**.
나는 테니스부에 소속되어 있다.

cold
[kould]

형용사 | 추운
It is very **cold** this morning.
오늘 아침은 매우 춥다.

condition
[kəndíʃən]

명사 | 상태
I am in good **condition**.
나는 건강 상태가 좋다.

다음 우리말을 영어로 쓰세요.

점 수 :

① 야영

② 캠페인

③ 카드

④ 확신하는

⑤ 의자

⑥ 고르다

⑦ 분명한

⑧ 클럽

⑨ 추운

⑩ 상태

MEMO

corner
[kɔ́:rnər]

명사 모퉁이

I met him at the **corner** of the street.
나는 길모퉁이에서 그를 만났다.

---

cost
[kɔːst]

명사 비용

Production **costs** can be very high.
생산 비용이 매우 높을 수 있다.

---

court
[kɔːrt]

명사 코트

Our school has a tennis **court**.
우리 학교에는 테니스 코트가 있다.

---

culture
[kʌ́ltʃər]

명사 문화

He has studied the **cultures** of the Orient.
그는 동양의 문화를 연구해왔다.

---

dark
[dɑːrk]

형용사 어두운

It is getting **dark**.
어두워지고 있다.

---

date
[deit]

명사 날짜

What`s the **date** today?
오늘은 며칠이에요?

---

deep
[diːp]

형용사 깊은

The river is **deep**.
그 강은 깊다.

---

difficult
[dífikəlt]

형용사 어려운

It is **difficult** for me to solve the problem.
내가 그 문제를 푸는 것은 어렵다.

---

dinner
[dínər]

명사 저녁식사

My family usually eats **dinner** at 6:30.
나의 가족은 대개 6시 30분에 저녁을 먹는다.

---

dream
[driːm]

명사 꿈

I had a good **dream** last night.
나는 어젯밤에 좋은 꿈을 꾸었다.

다음 우리말을 영어로 쓰세요.

점수 :

① 모퉁이

② 비용

③ 코트

④ 문화

⑤ 어두운

⑥ 날짜

⑦ 깊은

⑧ 어려운

⑨ 저녁식사

⑩ 꿈

MEMO

drink
[driŋk]

동사 마시다
I am **drinking** some milk now.
나는 지금 약간의 우유를 마시고 있다.

energy
[énərdʒi]

명사 에너지
He has so much **energy** for his age.
그는 나이에 비해 에너지가 넘친다.

enter
[éntər]

동사 들어가다
They **entered** the room one after another.
그들은 차례로 방에 들어갔다.

evening
[íːvniŋ]

명사 저녁
The sun sets in the **evening**.
해는 저녁에 진다.

example
[igzǽmpl]

명사 보기
Give me an **example**.
나에게 예를 들어주어라.

farm
[fɑːrm]

명사 농장
He works on a **farm**.
그는 농장에서 일한다.

fast
[fæst]

부사 빨리
John runs very **fast**.
존은 매우 빨리 달린다.

finger
[fíŋgər]

명사 손가락
Each hand has one thumb and four **fingers**.
각각의 손은 하나의 엄지손가락과 네 개의 손가락을 가지고 있다.

finish
[fíniʃ]

동사 끝내다
He **finished** his homework in an hour.
그는 한 시간 안에 그의 숙제를 끝냈다.

fish
[fiʃ]

명사 물고기
I caught three **fish** in the stream.
나는 개울에서 물고기 세 마리를 잡았다.

다음 우리말을 영어로 쓰세요.

점 수 :

① 마시다

② 에너지

③ 들어가다

④ 저녁

⑤ 보기

⑥ 농장

⑦ 빨리

⑧ 손가락

⑨ 끝내다

⑩ 물고기

MEMO

fly [flai]	동사	**날다** Birds **fly** with their wings. 새들은 그들의 날개로 난다.
forget [fərgét]	동사	**잊다** I **forgot** his name. 나는 그의 이름을 잊었다.
fresh [freʃ]	형용사	**신선한** You can buy **fresh** vegetables at the store. 너는 그 가게에서 신선한 야채를 살 수 있다.
front [frʌnt]	명사	**앞** We painted the **front** of the house. 우리는 집의 앞면을 페인트칠했다.
future [fjúːtʃər]	명사	**미래** Nobody knows what will happen in the **future**. 미래에 무슨 일이 일어날지 아무도 모른다.
garden [gáːrdn]	명사	**정원** We grow tomatoes in our **garden**. 우리는 우리의 정원에서 토마토를 재배한다.
gas [gæs]	명사	**가스** **Gas** is useful for our daily life. 가스는 우리의 일상생활에 유용하다.
goal [goul]	명사	**목표** What is your **goal** in life? 너의 인생의 목표는 무엇이냐?
gold [gould]	명사	**금** Many people hoped to find **gold**. 많은 사람들은 금을 찾기를 희망했다.
green [griːn]	형용사	**녹색의** The leaves of this plant are **green**. 이 식물의 잎은 녹색이다.

다음 우리말을 영어로 쓰세요.

점수 :

① 날다

② 잊다

③ 신선한

④ 앞

⑤ 미래

⑥ 정원

⑦ 가스

⑧ 목표

⑨ 금

⑩ 녹색의

MEMO

heavy
[hévi]

| 형용사 | 무거운 |

This bag is too **heavy** for me.
이 가방은 나에게 너무 무겁다.

horse
[hɔːrs]

| 명사 | 말 |

Don`t look a gift **horse** in the mouth.
[속담] 남의 호의를 트집 잡지 마라.

husband
[hʌzbənd]

| 명사 | 남편 |

They are **husband** and wife.
그들은 부부이다.

ice
[ais]

| 명사 | 얼음 |

The lake is covered with **ice**.
그 호수는 얼음으로 덮여있다.

image
[ímidʒ]

| 명사 | 이미지 |

The robot can recognize sound and **images**.
그 로봇은 소리와 이미지를 인식할 수 있다.

introduce
[intrədjúːs]

| 동사 | 소개하다 |

Let me **introduce** myself to you.
제 소개를 하겠습니다.

key
[kiː]

| 명사 | 열쇠 |

I have a **key**.
나는 열쇠를 가지고 있다.

kitchen
[kítʃin]

| 명사 | 부엌 |

If you can`t stand the heat, get out of the **kitchen**.
[속담] 열을 참을 수 없으면 부엌에서 나와라.

leg
[leg]

| 명사 | 다리 |

We walk with our **legs**.
우리는 우리의 다리로 걷는다.

lesson
[lésn]

| 명사 | 수업 |

We take English **lessons** from an American.
우리는 미국인으로부터 영어수업을 받는다.

다음 우리말을 영어로 쓰세요.

점 수 :

① 무거운

② 말

③ 남편

④ 얼음

⑤ 이미지

⑥ 소개하다

⑦ 열쇠

⑧ 부엌

⑨ 다리

⑩ 수업

MEMO

middle
[mídl]

형용사 가운데의
She sat on the **middle** chair.
그녀는 가운데 의자에 앉았다.

mountain
[máuntn]

명사 산
I climbed that **mountain** last fall.
나는 지난 가을에 저 산을 올라갔다.

mouth
[mauθ]

명사 입
Open your **mouth**, please.
입을 벌려주세요.

nature
[néitʃər]

명사 자연
Nature is the best physician.
자연은 가장 좋은 의사이다.

nice
[nais]

형용사 멋진
You look **nice** today.
너는 오늘 멋져 보인다.

park
[pɑːrk]

명사 공원
I took him to the **park**.
나는 그를 공원에 데리고 갔다.

please
[pliːz]

동사 기쁘게 하다
You can't **please** everybody.
모든 사람을 기쁘게 할 수는 없다.

project
[prádʒekt]

명사 프로젝트
His latest movie is a very ambitious **project**.
그의 최근 영화는 매우 야심찬 프로젝트이다.

quick
[kwik]

형용사 빠른
A rabbit is a **quick** animal.
토끼는 빠른 동물이다.

race
[reis]

명사 경주
He will take part in the **race**.
그는 그 경주에 참가할 것이다.

다음 우리말을 영어로 쓰세요.　　　　　점 수 :

① 가운데의

② 산

③ 입

④ 자연

⑤ 멋진

⑥ 공원

⑦ 기쁘게 하다

⑧ 프로젝트

⑨ 빠른

⑩ 경주

MEMO

radio [réidiòu]	명사	라디오 He is listening to the **radio**. 그는 라디오를 듣고 있다.
restaurant [résterent]	명사	식당 The food at this **restaurant** is excellent. 이 식당의 음식은 훌륭하다.
rich [ritʃ]	형용사	부유한 Her father is a **rich** businessman. 그녀의 아버지는 부유한 사업가이다.
rock [rɑk]	명사	바위 The tower stands on a **rock**. 탑은 바위 위에 서있다.
safe [sief]	형용사	안전한 This is a **safe** place. 이곳은 안전한 장소이다.
save [seiv]	동사	구하다 He **saved** a boy from drowning. 그는 물에 빠진 소년을 구했다.
score [skɔːr]	명사	득점 We won the baseball game by a **score** of 6 to 3. 우리는 야구 경기를 6대 3으로 이겼다.
sea [siː]	명사	바다 We spent our vacation by the **sea**. 우리는 바닷가에서 우리의 방학을 보냈다.
ship [ʃip]	명사	배 The **ship** sailed for Britain. 그 배는 영국을 향해 출항했다.
sing [siŋ]	동사	노래하다 She is **singing** a song. 그녀는 노래를 부르고 있다.

다음 우리말을 영어로 쓰세요.

점 수 :

① 라디오

② 식당

③ 부유한

④ 바위

⑤ 안전한

⑥ 구하다

⑦ 득점

⑧ 바다

⑨ 배

⑩ 노래하다

MEMO

sky
[skai]

명사 하늘
The **sky** is high and clear.
하늘은 높고 맑다.

sleep
[sli:p]

동사 자다
I **sleep** for eight hours a day.
나는 하루에 여덟 시간동안 잠을 잔다.

smile
[smail]

동사 미소 짓다
She **smiled** happily.
그녀는 행복하게 미소 지었다.

song
[sɔ:ŋ]

명사 노래
She sings popular **songs** well.
그녀는 유행가를 잘 부른다.

sorry
[sɔ́:ri]

형용사 미안한
I`m **sorry** I`m late.
늦어서 미안해.

spring
[spriŋ]

명사 봄
It is warm in **spring**.
봄은 따뜻하다.

stone
[stoun]

명사 돌
The bridge is made of **stone**.
그 다리는 돌로 만들어져 있다.

sun
[sʌn]

명사 태양
Make hay while the **sun** shines.
[속담] 해가 나있을 때 풀을 말려라.

third
[θəːrd]

수사 제3의 셋째의
This is the **third** time I`ve called.
제가 전화한 것은 이번이 세 번째입니다.

tonight
[tənáit]

부사 오늘 밤에
Let`s go to a movie **tonight**.
오늘 밤에 영화 보러 갑시다.

다음 우리말을 영어로 쓰세요.

점 수 :

① 하늘

② 자다

③ 미소 짓다

④ 노래

⑤ 미안한

⑥ 봄

⑦ 돌

⑧ 태양

⑨ 셋째의

⑩ 오늘 밤에

MEMO

touch
[tʌtʃ]

동사 만지다
Don`t **touch** me.
나를 만지지 마라.

travel
[trǽvl]

동사 여행하다
Bad news **travels** fast.
[속담] 나쁜 소식은 빨리 퍼진다.

trip
[trip]

명사 여행
I often make a **trip** alone.
나는 종종 혼자 여행을 한다.

truck
[trʌk]

명사 트럭
Vegetables are carried to the market on **trucks**.
야채는 트럭으로 시장에 운반된다.

type
[taip]

명사 유형
What **type** of shoes are you looking for?
어떤 타입의 신발을 찾고 계시나요?

video
[vídiòu]

명사 비디오
Would you like to see the **video**?
비디오를 보시겠어요?

visit
[vízit]

동사 방문하다
He **visited** his friend yesterday.
그는 어제 그의 친구를 방문했다.

wind
[wind]

명사 바람
The cold **wind** blew from the north.
차가운 바람이 북쪽에서 불었다.

winter
[wíntər]

명사 겨울
It snows in **winter**.
겨울에는 눈이 온다.

wood
[wud]

명사 나무
The table is made of **wood**.
그 식탁은 나무로 만들어져 있다.

다음 우리말을 영어로 쓰세요.

점 수 :

① 만지다

② 여행하다

③ 여행

④ 트럭

⑤ 유형

⑥ 비디오

⑦ 방문하다

⑧ 바람

⑨ 겨울

⑩ 나무

MEMO

Elementary English Words

5-2

SUPREME
5학년 2학기 영단어

above [əbʌ́v]	전치사	~의 위에 We flew **above** the clouds. 우리는 구름 위로 비행했다.
adult [ədʌ́lt]	명사	어른 Children must be accompanied by an **adult**. 아이들은 어른에 의해 동행되어야만 한다.
afraid [əfréid]	형용사	두려워하는 He is **afraid** of rats. 그는 쥐를 무서워한다.
ahead [əhéd]	부사	앞에 We saw a boat right **ahead**. 우리는 바로 앞에서 한 척의 보트를 보았다.
alone [əlóun]	형용사	혼자의 I was **alone**. 나는 외톨이였다.
bear [bɛər]	명사	곰 A **bear** is a large, strong animal. 곰은 크고 힘센 동물이다.
below [bilóu]	전치사	~의 아래에 The sun set **below** the horizon. 태양이 지평선 아래로 가라앉았다.
bill [bil]	명사	계산서 Can you bring me the **bill**, please? 계산서 좀 갖다 주시겠어요?
bottle [bátl]	명사	병 Please give me a **bottle** of milk. 저에게 우유 한 병을 주세요.
bridge [bridʒ]	명사	다리 The children crossed the **bridge**. 아이들은 다리를 건넜다.

다음 우리말을 영어로 쓰세요.

점 수 :

① 의 위에

② 어른

③ 두려워하는

④ 앞에

⑤ 혼자의

⑥ 곰

⑦ 의 아래에

⑧ 계산서

⑨ 병

⑩ 다리

MEMO

brown
[braun]

형용사 **갈색의**
The color of my sweater is **brown**.
나의 스웨터의 색깔은 갈색이다.

---

burn
[bəːrn]

동사 **불타다**
The logs were **burning** in the fireplace.
통나무가 벽난로 안에서 타고 있었다.

---

bus
[bʌs]

명사 **버스**
I go to school by **bus**.
나는 버스를 타고 학교에 간다.

---

cat
[kæt]

명사 **고양이**
When the **cat**`s away, the mice will play.
[속담] 고양이가 없을 때 쥐가 논다.

---

chicken
[tʃíkin]

명사 **닭**
The farmer raises a lot of **chickens**.
그 농부는 많은 닭을 기른다.

---

circle
[sə́ːrkl]

명사 **원**
She drew a **circle** on the blackboard.
그녀는 칠판에 원을 그렸다.

---

clean
[kliːn]

형용사 **깨끗한**
She bathed and put on **clean** dress.
그녀는 목욕을 하고 깨끗한 옷을 입었다.

---

climb
[klaim]

동사 **오르다**
To **climb** steep hills requires slow pace at first.
험한 언덕을 오를 때는 처음에 천천히 걸어가야 한다.

---

clothes
[klouz]

명사 **옷**
Clothes make the man.
[속담] 옷이 사람을 만든다.

---

coffee
[kɔ́ːfi]

명사 **커피**
Will you have a cup of **coffee**?
커피 한 잔 드시겠습니까?

다음 우리말을 영어로 쓰세요.

점수 :

① 갈색의

② 불타다

③ 버스

④ 고양이

⑤ 닭

⑥ 원

⑦ 깨끗한

⑧ 오르다

⑨ 옷

⑩ 커피

MEMO

cook [kuk]	동사	요리하다 He is **cooking** dinner. 그는 저녁을 요리하고 있다.
cool [ku:l]	형용사	시원한 In autumn it is **cool**. 가을에는 시원하다.
cross [krɔːs]	동사	건너다 He is **crossing** the street. 그는 길을 건너고 있다.
cry [krai]	동사	소리 내어 울다 The baby was **crying** for milk. 아기는 우유를 달라고 울고 있었다.
customer [kʌstəmər]	명사	고객 He is a frequent **customer** to the store. 그는 그 가게의 단골손님이다.
dance [dæns]	동사	춤추다 Shall we **dance**? 춤추실래요?
danger [déindʒər]	명사	위험 **Danger** can be everywhere if you are not careful. 네가 조심하지 않으면 위험은 어디에나 있을 수 있다.
design [dizáin]	명사	디자인 This dress is modern in **design**. 이 드레스는 디자인이 현대적이다.
desk [desk]	명사	책상 The books are on my **desk**. 그 책들은 나의 책상 위에 있다.
discuss [diskʌs]	동사	토론하다 We **discussed** how to make our school beautiful. 우리는 학교를 아름답게 하는 방법에 대해 토론했다.

다음 우리말을 영어로 쓰세요.　　　점 수 :

① 요리하다

② 시원한

③ 건너다

④ 소리 내어 울다

⑤ 고객

⑥ 춤추다

⑦ 위험

⑧ 디자인

⑨ 책상

⑩ 토론하다

MEMO

dress [dres]	명사	드레스 She is making a **dress** for her daughter. 그녀는 그녀의 딸을 위해서 드레스를 만들고 있다.
dry [drai]	형용사	마른 The desert is a very **dry** place. 사막은 매우 건조한 장소이다.
ear [iər]	명사	귀 A hare has long **ears**. 토끼는 긴 귀를 가지고 있다.
earth [əːrθ]	명사	지구 The **earth** is round. 지구는 둥글다.
egg [eg]	명사	달걀 He that will steal an **egg** will steal an ox. [속담] 계란을 훔치는 사람이 소를 훔치게 된다.
eight [eit]	수사	8 여덟 School begins at **eight**. 학교는 8시에 시작된다.
fail [feil]	동사	실패하다 He **failed** in the entrance examination. 그는 입학시험에 실패했다.
fat [fæt]	형용사	뚱뚱한 This boy is **fat**. 이 소년은 뚱뚱하다.
fix [fiks]	동사	수리하다 He **fixed** the broken radio. 그는 고장 난 라디오를 수리했다.
flower [fláuər]	명사	꽃 A rose is the **flower** of love. 장미는 사랑의 꽃이다.

다음 우리말을 영어로 쓰세요.

점수 :

① 드레스

② 마른

③ 귀

④ 지구

⑤ 달걀

⑥ 여덟

⑦ 실패하다

⑧ 뚱뚱한

⑨ 수리하다

⑩ 꽃

MEMO

forest [fɔ́:rist]	명사	숲 He is hunting in the **forest**. 그는 숲에서 사냥하고 있다.
fruit [fruːt]	명사	과일 I like **fruit** very much. 나는 과일을 매우 많이 좋아한다.
guess [ges]	동사	추측하다 I can`t **guess** her age. 나는 그녀의 나이를 짐작할 수 없다.
hang [hæŋ]	동사	매달다 He **hung** his coat on a hanger. 그는 옷걸이에 외투를 걸었다.
hate [heit]	동사	미워하다 They **hated** each other. 그들은 서로 미워했다.
heat [hiːt]	명사	열 The **heat** in an oven will bake bread. 오븐의 열기는 빵을 구울 것입니다.
inside [insáid]	전치사	~의 안에 There was a card **inside** the envelope. 봉투의 안에 카드가 있었다.
jump [dʒʌmp]	동사	점프하다 No man can **jump** so high. 누구도 그렇게 높이 뛸 수 없다.
kick [kík]	동사	차다 He **kicked** the ball a long way. 그는 공을 멀리 찼다.
lady [léidi]	명사	숙녀 Who is that **lady**? 저 숙녀는 누구냐?

다음 우리말을 영어로 쓰세요.

점 수 :

① 숲

② 과일

③ 추측하다

④ 매달다

⑤ 미워하다

⑥ 열

⑦ 의 안에

⑧ 점프하다

⑨ 차다

⑩ 숙녀

MEMO

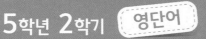

lip [lip]	명사	입술 The clown has big red **lips**. 그 광대는 크고 빨간 입술을 가지고 있다.
lunch [lʌntʃ]	명사	점심 We eat **lunch** at noon. 우리는 정오에 점심을 먹는다.
marry [mǽri]	동사	결혼하다 She wants to **marry** Tom. 그녀는 탐과 결혼하기를 원한다.
meat [miːt]	명사	고기 Mother bought some **meat** to make hamburgers. 어머니는 햄버거를 만들기 위해 약간의 고기를 사셨다.
memory [mémǝri]	명사	기억 After the car accident, he lost his **memory**. 교통사고 이후에 그는 기억을 잃었다.
miss [mis]	동사	놓치다 I was late and **missed** the bus. 나는 늦어서 버스를 놓쳤다.
neck [nek]	명사	목 A giraffe has a long **neck**. 기린은 긴 목을 가지고 있다.
newspaper [njúːspèipǝr]	명사	신문 I read the **newspaper** before breakfast. 나는 아침식사 전에 신문을 읽는다.
nine [nain]	수사	9 아홉 I got up at **nine** this morning. 나는 오늘 아침 9시에 일어났다.
nose [nouz]	명사	코 We smell with our **nose**. 우리는 코로 냄새를 맡는다.

다음 우리말을 영어로 쓰세요.　　　점 수 :

① 입술

② 점심

③ 결혼하다

④ 고기

⑤ 기억

⑥ 놓치다

⑦ 목

⑧ 신문

⑨ 아홉

⑩ 코

MEMO

paint [peint]	동사	페인트칠하다 I **painted** the door white. 나는 문을 하얗게 페인트칠했다.
partner [páːrtnər]	명사	파트너 I was her **partner** in the dance. 나는 그녀의 댄스 파트너였다.
pilot [páilət]	명사	비행기 조종사 I want to become a **pilot**. 나는 비행기 조종사가 되기를 원한다.
quiet [kwáiət]	형용사	조용한 Be **quiet**! 조용히 해!
rain [rein]	명사	비 He was standing in the **rain**. 그는 빗속에 서있었다.
ring [riŋ]	명사	반지 She is wearing a **ring**. 그녀는 반지를 끼고 있다.
river [rívər]	명사	강 I like fishing in the **river**. 나는 강에서 낚시하는 것을 좋아한다.
salt [sɔːlt]	명사	소금 Please pass me the **salt**. 나에게 소금을 건네주세요.
science [sáiəns]	명사	과학 He is interested in **science**. 그는 과학에 흥미를 갖고 있다.
seven [sévən]	수사	7 일곱 I have breakfast at **seven**. 나는 7시에 아침을 먹는다.

다음 우리말을 영어로 쓰세요.

점 수 :

① 페인트칠하다

② 파트너

③ 비행기 조종사

④ 조용한

⑤ 비

⑥ 반지

⑦ 강

⑧ 소금

⑨ 과학

⑩ 일곱

MEMO

shirt [ʃəːrt]	명사	셔츠 He is wearing a blue **shirt**. 그는 파란색 셔츠를 입고 있다.
shoe [ʃuː]	명사	신발 Take off your **shoes**. 너의 신발을 벗어라.
shop [ʃap]	명사	가게 I bought sugar at that **shop**. 나는 저 가게에서 설탕을 샀다.
sick [sik]	형용사	병든 He was **sick** in bed yesterday. 그는 어제 병으로 앓아누웠다.
skin [skin]	명사	피부 Her **skin** is fair. 그녀의 피부는 곱다.
slow [slou]	형용사	느린 The tortoise is too **slow**. 거북이는 너무 느리다.
snow [snou]	명사	눈 Look at the **snow** on the mountain. 산 위에 있는 눈을 보아라.
soft [sɔːft]	형용사	부드러운 Babies have **soft** skin. 아기들은 부드러운 피부를 가지고 있다.
speed [spiːd]	명사	속도 He drove at the **speed** of 100 kilometers an hour. 그는 시속 100킬로미터의 속도로 운전했다.
staff [stæf]	명사	직원 The hotel **staff** are friendly and attentive. 그 호텔 직원들은 친절하고 세심하다.

다음 우리말을 영어로 쓰세요.

점 수 :

① 셔츠

② 신발

③ 가게

④ 병든

⑤ 피부

⑥ 느린

⑦ 눈

⑧ 부드러운

⑨ 속도

⑩ 직원

MEMO

style
[stail]

명사 스타일
His house is built in modern **style**.
그의 집은 현대식으로 건축되어 있다.

sugar
[ʃúgər]

명사 설탕
She put **sugar** in coffee to make it sweet.
그녀는 커피를 달게 만들기 위해 커피에 설탕을 넣었다.

tall
[tɔːl]

형용사 키가 큰
He is very **tall**.
그는 매우 키가 크다.

tape
[teip]

명사 테이프
This **tape** is very sticky.
이 테이프는 매우 끈적끈적하다.

ten
[ten]

수사 10 열
Please count from one to **ten**.
1에서 10까지 세시오.

ticket
[tíkit]

명사 표
All **tickets** are sold out.
모든 표가 다 팔렸다.

tomorrow
[təmárou]

부사 내일
See you **tomorrow**.
내일 만나자.

tooth
[tuːθ]

명사 치아
I brush my **teeth** every morning.
나는 매일 아침 나의 이를 닦는다.

track
[træk]

명사 자국
We followed the bear's **tracks** in the snow.
우리는 눈 속에 남아 있는 곰의 발자국을 따라갔다.

train
[trein]

명사 기차
If you hurry, you`ll catch the **train**.
만일 네가 서두르면 너는 기차를 탈 것이다.

다음 우리말을 영어로 쓰세요.

점수 :

① 스타일

....

② 설탕

....

③ 키가 큰

....

④ 테이프

....

⑤ 열

....

⑥ 표

....

⑦ 내일

....

⑧ 치아

....

⑨ 자국

....

⑩ 기차

....

MEMO

twice [twais]	부사	두 번 I have **twice** eaten this fruit. 나는 이 과일을 두 번 먹어본 적이 있다.
wake [weik]	동사	잠이 깨다 Suddenly he **woke** from sleep. 갑자기 그는 잠에서 깨어났다.
warm [wɔːrm]	형용사	따뜻한 It is **warm** in spring. 봄은 따뜻하다.
weather [wéðər]	명사	날씨 How is the **weather** today? 오늘 날씨는 어때?
weight [weit]	명사	무게 It is about 70 kilos in **weight**. 그것은 무게가 약 70킬로이다.
welcome [wélkəm]	동사	환영하다 He was warmly **welcomed** by the villagers. 그는 마을사람들에게 따뜻하게 환영받았다.
wish [wiʃ]	동사	바라다 I **wish** you to come soon. 나는 네가 곧 와 주기를 바란다.
worry [wə́ːri]	동사	걱정하다 Parents **worry** about their children. 부모는 그들의 아이들에 대해 걱정한다.
yellow [jélou]	형용사	노란색의 The chick is **yellow**. 병아리는 노랗다.
yesterday [jéstərdèi]	부사	어제 I came here **yesterday**. 나는 어제 여기에 왔다.

다음 우리말을 영어로 쓰세요.

점 수 :

① 두 번

② 잠이 깨다

③ 따뜻한

④ 날씨

⑤ 무게

⑥ 환영하다

⑦ 바라다

⑧ 걱정하다

⑨ 노란색의

⑩ 어제

MEMO

Elementary English Words

6-1

SUPREME
6학년 1학기 영단어

album
[ǽlbəm]

명사 앨범
He keeps his photographs in an **album**.
그는 앨범에 자신의 사진을 보관한다.

apple
[ǽpl]

명사 사과
I eat an **apple** every day.
나는 매일 사과를 먹는다.

bake
[beik]

동사 굽다
I **baked** the bread myself.
내가 직접 빵을 구웠다.

baseball
[béisbɔ̀ːl]

명사 야구
The team's logo was emblazoned on the **baseball** caps.
그 팀의 로고가 야구 모자들에 선명하게 새겨져 있었다.

basketball
[bǽskitbɔ̀ːl]

명사 농구
I saw a **basketball** game on TV.
나는 TV로 농구 경기를 보았다.

beach
[biːtʃ]

명사 해변
They played on the **beach**.
그들은 해변에서 놀았다.

beauty
[bjúːti]

명사 아름다움
He was caught by the **beauty** of roses.
그는 장미의 아름다움에 사로잡혔다.

bell
[bel]

명사 종
I rang the **bell** twice.
나는 벨을 두 번 울렸다.

belt
[belt]

명사 벨트
Fasten your seat **belt**.
좌석 벨트를 매세요.

beside
[bisáid]

전치사 ～의 옆에
She sat **beside** me.
그녀는 내 옆에 앉았다.

다음 우리말을 영어로 쓰세요.

점 수 :

① 앨범

② 사과

③ 굽다

④ 야구

⑤ 농구

⑥ 해변

⑦ 아름다움

⑧ 종

⑨ 벨트

⑩ 의 옆에

MEMO

bike
[baik]

명사 **자전거**
I go to school by **bike**.
나는 자전거를 타고 학교에 간다.

birth
[bəːrθ]

명사 **탄생**
Write the date of your **birth**.
당신의 생년월일을 쓰시오.

bone
[boun]

명사 **뼈**
The dog was gnawing a **bone**.
그 개는 뼈다귀를 물어뜯고 있었다.

bottom
[bátəm]

명사 **바닥**
The answers are at the **bottom** of the page.
정답은 페이지 하단에 있습니다.

bread
[bred]

명사 **빵**
Give me a slice of **bread**.
나에게 빵 한 조각을 주어라.

breakfast
[brékfəst]

명사 **아침식사**
I have **breakfast** at seven.
나는 7시에 아침을 먹는다.

busy
[bízi]

형용사 **바쁜**
I am **busy** with my homework.
나는 나의 숙제를 하느라고 바쁘다.

butter
[bʌ́tər]

명사 **버터**
We eat **butter** on bread.
우리는 빵에 버터를 발라 먹는다.

button
[bʌ́tn]

명사 **단추**
He undid the **buttons** of his shirt.
그는 셔츠의 단추를 풀었다.

cake
[keik]

명사 **케이크**
Please give me a piece of **cake**.
나에게 케이크 한 조각 주세요.

다음 우리말을 영어로 쓰세요.

점 수 :

① 자전거

② 탄생

③ 뼈

④ 바닥

⑤ 빵

⑥ 아침식사

⑦ 바쁜

⑧ 버터

⑨ 단추

⑩ 케이크

MEMO

cap
[kæp]

명사 모자
Take off your **cap**.
너의 모자를 벗어라.

cash
[kæʃ]

명사 현금
He paid for it in **cash**.
그는 현금으로 그 대금을 지불했다.

cheap
[tʃiːp]

형용사 값이 싼
I stayed at a **cheap** hotel.
나는 값이 싼 호텔에 머물렀다.

check
[tʃek]

명사 수표   cf. cheque (영국식)
Can I pay by **check**?
수표로 지불해도 되나요?

cheese
[tʃiːz]

명사 치즈
Cheese is made from milk.
치즈는 우유로 만들어진다.

chocolate
[tʃɑ́ːkəlit]

명사 초콜릿
Candy and cake are often made with **chocolate**.
사탕과 케이크는 종종 초콜릿으로 만들어진다.

clock
[klɑk]

명사 벽시계
The **clock** struck eleven.
시계는 11시를 쳤다.

cloud
[klaud]

명사 구름
Look at a white **cloud** in the sky.
하늘의 흰 구름을 보아라.

coat
[kout]

명사 코트
You look nice in that **coat**.
너는 그 코트를 입으니 멋져 보인다.

collect
[kəlékt]

동사 모으다
My hobby is **collecting** foreign coins.
나의 취미는 외국 동전을 모으는 것이다.

다음 우리말을 영어로 쓰세요.

점 수 :

① 모자 ....

② 현금 ....

③ 값이 싼 ....

④ 수표 ....

⑤ 치즈 ....

⑥ 초콜릿 ....

⑦ 벽시계 ....

⑧ 구름 ....

⑨ 코트 ....

⑩ 모으다 ....

MEMO

cousin
[kʌzn]

명사 사촌
She is my **cousin**.
그녀는 나의 사촌이다.

cow
[kau]

명사 암소
A **cow** gives us milk.
암소는 우리에게 우유를 준다.

cream
[kriːm]

명사 크림
I usually drink coffee with **cream** and sugar.
나는 보통 크림과 설탕을 넣은 커피를 마신다.

dialogue
[dáiəlɔ̀ːg]

명사 대화
Listen to the **dialogue** and fill in the blanks.
대화를 듣고 빈칸을 채우시오.

double
[dʌ́bl]

형용사 두 배의
He did **double** work today.
그는 오늘 두 배의 일을 했다.

exercise
[éksərsàiz]

명사 운동
He gets **exercise** every day.
그는 매일 운동을 한다.

fan
[fæn]

명사 팬
The event is good news for **fans** of live music.
그 행사는 라이브 음악 팬들에게 좋은 소식이다.

favorite
[féivərit]

형용사 매우 좋아하는
What`s your **favorite** flower?
네가 가장 좋아하는 꽃은 무엇이냐?

file
[fail]

명사 파일
We will keep your application on **file**.
우리는 당신의 지원서를 파일에 보관할 것입니다.

focus
[fóukəs]

명사 초점
This photo is out of **focus**.
이 사진은 초점이 빗나갔다.

다음 우리말을 영어로 쓰세요.

점 수 :

① 사촌

② 암소

③ 크림

④ 대화

⑤ 두 배의

⑥ 운동

⑦ 팬

⑧ 매우 좋아하는

⑨ 파일

⑩ 초점

MEMO

football
[fútbɔ̀ːl]

> 명사 **미식축구**
> He plays **football** on the college team.
> 그는 대학팀에서 미식축구를 한다.

fun
[fʌn]

> 명사 **재미**
> We had **fun** at the party.
> 우리는 파티에서 재미있었다.

gentleman
[dʒéntlmən]

> 명사 **신사**
> Who is that **gentleman**?
> 저 신사는 누구입니까?

glad
[glæd]

> 형용사 **기쁜**
> I`m **glad** to meet you.
> 만나서 반가워요.

grandfather
[grǽndfàːðər]

> 명사 **할아버지**
> My **grandfather** graduated from Peking University.
> 나의 할아버지는 베이징 대학교를 졸업하셨다.

grass
[græs]

> 명사 **풀**
> In spring the **grass** comes out.
> 봄에 풀이 돋아난다.

gray
[grei]

> 형용사 **회색의**
> She saw a big **gray** cat.
> 그녀는 큰 회색 고양이를 보았다.

habit
[hǽbit]

> 명사 **습관**
> It is a good **habit** to get up early.
> 일찍 일어나는 것은 좋은 습관이다.

hat
[hæt]

> 명사 **모자**
> This **hat** is too big for me.
> 이 모자는 나에게 너무 크다.

hello
[helóu]

> 감탄사 **안녕**
> **Hello**, Tom. How are you?
> 안녕, 탐. 어떻게 지내니?

다음 우리말을 영어로 쓰세요.

점 수 :

① 미식축구

② 재미

③ 신사

④ 기쁜

⑤ 할아버지

⑥ 풀

⑦ 회색의

⑧ 습관

⑨ 모자

⑩ 안녕

MEMO

hero
[híːrou]

> 명사 영웅
> He is a national **hero**.
> 그는 국민적 영웅이다.

hill
[hil]

> 명사 언덕
> The house is on a **hill**.
> 그 집은 언덕 위에 있다.

holiday
[hálədèi]

> 명사 휴일
> Sunday is a **holiday**.
> 일요일은 휴일이다.

honest
[ánist]

> 형용사 정직한
> He is quite **honest**.
> 그는 아주 정직하다.

internet
[íntənet]

> 명사 인터넷
> I looked it up on the **Internet**.
> 나는 인터넷에서 그것을 찾아보았다.

invite
[inváit]

> 동사 초대하다
> She **invited** us to her house.
> 그녀는 우리를 자기의 집에 초대했다.

jacket
[dʒǽkit]

> 명사 재킷
> I want a new **jacket**.
> 나는 새 재킷을 원한다.

juice
[dʒuːs]

> 명사 주스
> He wants a glass of **juice**.
> 그는 주스 한 잔을 원한다.

king
[kiŋ]

> 명사 왕
> The **king** liked animals.
> 그 왕은 동물을 좋아했다.

kiss
[kis]

> 동사 입맞춤하다
> He **kissed** her hand.
> 그는 그녀의 손에 입맞춤했다.

다음 우리말을 영어로 쓰세요.

점 수 :

① 영웅

② 언덕

③ 휴일

④ 정직한

⑤ 인터넷

⑥ 초대하다

⑦ 재킷

⑧ 주스

⑨ 왕

⑩ 입맞춤하다

MEMO

knife [naif]	명사	**칼** We eat meat with a **knife** and fork. 우리는 칼과 포크로 고기를 먹는다.
lake [leik]	명사	**호수** There are boats on the **lake**. 호수 위에 보트들이 있다.
library [láibrèri]	명사	**도서관** Our school has a large **library**. 우리 학교는 큰 도서관을 가지고 있다.
luck [lʌk]	명사	**운** They had good **luck** in everything. 그들은 모든 일에 행운이 따랐다.
mad [mæd]	형용사	**미친** People thought that he was **mad**. 사람들은 그가 미쳤다고 생각했다.
mail [meil]	명사	**우편** Please send this book by **mail**. 이 책을 우편으로 보내주세요.
milk [milk]	명사	**우유** It is no use crying over spilt **milk**. [속담] 엎질러진 우유에 대고 울어봐야 소용없다.
moon [muːn]	명사	**달** The **moon** is beautiful tonight. 오늘 밤 달이 아름답다.
nurse [nəːrs]	명사	**간호사** She is a **nurse**. 그녀는 간호사이다.
orange [ɔ́ːrindʒ]	명사	**오렌지** **Oranges** contain lots of vitamin C. 오렌지는 많은 비타민 C를 함유하고 있다.

다음 우리말을 영어로 쓰세요.

점 수 :

① 칼

② 호수

③ 도서관

④ 운

⑤ 미친

⑥ 우편

⑦ 우유

⑧ 달

⑨ 간호사

⑩ 오렌지

MEMO

pink [piŋk]	형용사	**분홍색의** She wears **pink** dress. 그녀는 분홍색 옷을 입고 있다.
plastic [plǽstik]	명사	**플라스틱** The pipes should be made of **plastic**. 배관은 플라스틱으로 만들어져야 한다.
potato [pətéitou]	명사	**감자** I like fried **potatoes**. 나는 감자튀김을 좋아한다.
print [print]	동사	**인쇄하다** This book was **printed** in Korea. 이 책은 한국에서 인쇄되었다.
question [kwéstʃən]	명사	**질문** Do you have any **questions**? 너는 무슨 질문을 가지고 있니?
sad [sæd]	형용사	**슬픈** She was very **sad** when her grandfather died. 그녀는 그녀의 할아버지가 돌아가셨을 때 매우 슬펐다.
salad [sǽləd]	명사	**샐러드** I put many kinds of fruit in the **salad**. 나는 샐러드에 많은 종류의 과일을 넣는다.
sale [seil]	명사	**판매** They have new cars on **sale**. 그들은 새 차를 판매 중이다.
sand [sænd]	명사	**모래** The children like to play in the **sand**. 아이들은 모래에서 노는 것을 좋아한다.
ski [ski:]	명사	**스키** They crossed the mountain on **skis**. 그들은 스키를 타고 산을 넘었다.

다음 우리말을 영어로 쓰세요.

점 수 :

① 분홍색의

② 플라스틱

③ 감자

④ 인쇄하다

⑤ 질문

⑥ 슬픈

⑦ 샐러드

⑧ 판매

⑨ 모래

⑩ 스키

MEMO

smell
[smel]

동사 냄새가 나다
Fish and visitors **smell** in three days.
생선과 손님은 3일이 지나면 냄새를 풍긴다.

software
[sɔ́ːftwɛ̀ər]

명사 소프트웨어
The new **software** is being pitched at banks.
그 새 소프트웨어는 은행들을 대상 고객으로 잡고 있다.

soup
[suːp]

명사 수프
We eat **soup** with a spoon.
우리는 숟가락으로 수프를 먹는다.

swim
[swim]

동사 수영하다
I **swim** almost everyday.
나는 거의 매일 수영한다.

tail
[teil]

명사 꼬리
My dog is wagging his **tail**.
나의 개는 꼬리를 흔들고 있다.

taste
[teist]

명사 맛
I like the **taste** of bananas.
나는 바나나의 맛을 좋아한다.

telephone
[télifòun]

명사 전화
What`s your **telephone** number?
당신의 전화번호는 무엇입니까?

tennis
[ténis]

명사 테니스
I usually play **tennis** on Saturdays with my family.
나는 대개 나의 가족들과 토요일마다 테니스를 친다.

tent
[tent]

명사 텐트
We pitched a **tent** by the river.
우리는 강가에 텐트를 쳤다.

thirty
[θə́ːrti]

수사 30 서른
I usually get up at six **thirty**.
나는 보통 6시 30분에 일어난다.

다음 우리말을 영어로 쓰세요.

점 수 :

① 냄새가 나다

② 소프트웨어

③ 수프

④ 수영하다

⑤ 꼬리

⑥ 맛

⑦ 전화

⑧ 테니스

⑨ 텐트

⑩ 서른

MEMO

tire [taiər]	동사	**피곤하게 하다** Such a long walk will **tire** the children. 그렇게 오랜 걷기는 아이들을 피곤하게 할 것이다.
tomato [təméitou]	명사	**토마토** **Tomatoes** have a lot of vitamin C. 토마토는 많은 비타민 C를 가지고 있다.
toy [tɔi]	명사	**장난감** Children like to play with **toys**. 아이들은 장난감을 가지고 노는 것을 좋아한다.
twenty [twénti]	수사	**20 스물** **Twenty** plus three is twenty-three. 20 더하기 3은 23이다.
vegetable [védʒitəbl]	명사	**야채** We grow **vegetables** in our farm. 우리는 우리의 농장에서 채소를 재배한다.
wash [wɑʃ]	동사	**씻다** She **washed** her hands before eating. 그녀는 먹기 전에 그녀의 손을 씻었다.
wedding [wédiŋ]	명사	**결혼식** They invited us their **wedding**. 그들은 우리를 그들의 결혼식에 초대했다.
weekend [wíːkènd]	명사	**주말** He spent the **weekend** in the country. 그는 시골에서 주말을 보냈다.
wet [wet]	형용사	**젖은** I`m **wet** in the rain. 나는 비에 젖었다.
wine [wain]	명사	**포도주** **Wine** is made from grapes. 포도주는 포도로 만들어진다.

다음 우리말을 영어로 쓰세요.

점 수 :

① 피곤하게 하다 ....

② 토마토 ....

③ 장난감 ....

④ 스물 ....

⑤ 야채 ....

⑥ 씻다 ....

⑦ 결혼식 ....

⑧ 주말 ....

⑨ 젖은 ....

⑩ 포도주 ....

MEMO

Elementary English Words

6-2

SUPREME
6학년 2학기 영단어

alright [ɔːlráit]	형용사	**괜찮은** Any airline is **alright**. 어떤 항공사든 괜찮습니다.
aunt [ænt]	명사	**아주머니** This lady is my **aunt**. 이 부인은 나의 아주머니이다.
autumn [ɔ́ːtəm]	명사	**가을** I like **autumn** best. 나는 가을을 제일 좋아한다.
badminton [bǽdmintən]	명사	**배드민턴** I used to play **badminton** in high school. 나는 고등학교 때 배드민턴을 치곤했다.
banana [bənǽnə]	명사	**바나나** Monkeys like **bananas**. 원숭이는 바나나를 좋아한다.
basket [bǽskit]	명사	**바구니** The **basket** is full of apples. 그 바구니는 사과로 가득 차있다.
bat [bæt]	명사	**배트** He has a very good **bat**. 그는 매우 좋은 야구배트를 가지고 있다.
bath [bæθ]	명사	**목욕** I take a **bath** every day. 나는 매일 목욕을 한다.
bee [biː]	명사	**벌** A **bee** is an insect. 벌은 곤충이다.
beef [biːf]	명사	**쇠고기** We are having **beef** for dinner. 우리는 저녁으로 쇠고기를 먹을 거예요.

다음 우리말을 영어로 쓰세요.

점 수 :

① 괜찮은

② 아주머니

③ 가을

④ 배드민턴

⑤ 바나나

⑥ 바구니

⑦ 배트

⑧ 목욕

⑨ 벌

⑩ 쇠고기

MEMO

biscuit
[bískit]

명사 비스킷
My father bought me a packet of chocolate **biscuits**.
나의 아버지는 나에게 초콜릿 비스킷 한 봉지를 사주셨다.

borrow
[báːrou]

동사 빌리다
I **borrowed** a few books from him.
나는 그에게서 책 몇 권을 빌렸다.

brave
[breiv]

형용사 용감한
He was a **brave** soldier.
그는 용감한 군인이었다.

brush
[brʌʃ]

명사 솔
Brushes are used for cleaning.
솔은 청소하는 데 사용된다.

candy
[kǽndi]

명사 사탕
You eat too much **candy**.
너는 너무 많은 사탕을 먹는다.

carrot
[kǽrət]

명사 당근
Carrots grow under the ground.
당근은 땅속에서 자란다.

clever
[klévər]

형용사 영리한
He is the **cleverest** boy in our class.
그는 우리 반에서 가장 영리한 소년이다.

comic
[kámik]

형용사 희극의
He is a **comic** actor.
그는 희극 배우이다.

compute
[kəmpjúːt]

동사 계산하다
Compute the volume of this box.
이 상자의 부피를 계산하시오.

congratulate
[kəngrǽtʃəlèit]

동사 축하하다
I **congratulate** you on your marriage.
결혼을 축하합니다.

다음 우리말을 영어로 쓰세요.

점 수 :

① 비스킷

② 빌리다

③ 용감한

④ 솔

⑤ 사탕

⑥ 당근

⑦ 영리한

⑧ 희극의

⑨ 계산하다

⑩ 축하하다

MEMO

cookie
[kúki]

명사 **쿠키**
I had a **cookie**.
나는 과자 한 개를 먹었다.

crayon
[kréiən]

명사 **크레용**
She draws pictures with **crayons**.
그녀는 크레용으로 그림을 그린다.

curtain
[kə́:rtn]

명사 **커튼**
Please draw the **curtain**.
커튼을 쳐주세요.

delicious
[dilíʃəs]

형용사 **맛있는**
This cake is really **delicious**.
이 케이크는 정말 맛있다.

doll
[dɑl]

명사 **인형**
Little girls like to play with **dolls**.
어린 소녀들은 인형을 가지고 노는 것을 좋아한다.

doughnut
[dóunʌt]

명사 **도넛**
We are eating **doughnuts**.
우리는 도넛을 먹고 있다.

drum
[drʌm]

명사 **북**
Don`t play the **drums** at night.
밤에 드럼을 치지 마라.

duck
[dʌk]

명사 **오리**
A **duck** can swim well.
오리는 잘 헤엄칠 수 있다.

elephant
[éləfənt]

명사 **코끼리**
An **elephant** has a long trunk.
코끼리는 긴 코를 가지고 있다.

eleven
[ilévn]

수사 **11 열하나**
He came home at **eleven**.
그는 11시에 집에 왔다.

다음 우리말을 영어로 쓰세요.

점 수 :

① 쿠키

② 크레용

③ 커튼

④ 맛있는

⑤ 인형

⑥ 도넛

⑦ 북

⑧ 오리

⑨ 코끼리

⑩ 열하나

MEMO

festival
[féstəvəl]

명사 축제
They held a music **festival** on Saturday.
그들은 토요일에 음악제를 개최했다.

fool
[fuːl]

명사 바보
He is not a **fool**.
그는 바보가 아니다.

fork
[fɔːrk]

명사 포크
Put the **fork** on the left side of the plate.
포크를 접시의 왼쪽에 놓아라.

fox
[fɑks]

명사 여우
Foxes are smart and hard to catch.
여우는 영리해서 잡기에 어렵다.

god
[gɑd]

명사 신
The voice of the people is the voice of **God**.
민심은 천심이다.

goodbye
[gùdbái]

감탄사 안녕히 가세요
Goodbye.
안녕히 가세요.

grape
[greip]

명사 포도
Wine is made from **grapes**.
포도주는 포도로 만들어진다.

guitar
[gitáːr]

명사 기타
He plays the **guitar** for fun.
그는 재미로 기타를 친다.

gum
[gʌm]

명사 껌
He is chewing **gum**.
그는 껌을 씹고 있다.

hamburger
[hǽmbə̀ːrgər]

명사 햄버거
He ordered two **hamburgers**.
그는 햄버거 두 개를 주문했다.

다음 우리말을 영어로 쓰세요.

점 수 :

① 축제

② 바보

③ 포크

④ 여우

⑤ 신

⑥ 안녕히 가세요

⑦ 포도

⑧ 기타

⑨ 껌

⑩ 햄버거

MEMO

helmet
[hélmit]

명사 헬멧
I use a **helmet** when I ride a motorcycle.
나는 오토바이를 탈 때 헬멧을 쓴다.

hike
[haik]

동사 도보여행을 하다
If the weather's fine, we'll go **hiking** this weekend.
날씨가 좋으면 우리는 이번 주말에 도보여행을 하러 갈 것이다.

hobby
[hábi]

명사 취미
What is your **hobby**?
당신의 취미는 무엇입니까?

homework
[hóumwə̀:rk]

명사 숙제
I`m doing my **homework**.
나는 숙제를 하고 있다.

hunt
[hʌnt]

동사 사냥하다
They **hunted** foxes.
그들은 여우를 사냥했다.

hurry
[hə́:ri]

동사 서두르다
Don`t **hurry** or you`ll make a mistake.
서두르지 마라, 그렇지 않으면 실수할 것이다.

jam
[dʒæm]

명사 잼
I like strawberry **jam**.
나는 딸기 잼을 좋아한다.

laser
[léizər]

명사 레이저
The **laser** beam heals the skin quickly and painlessly.
레이저 빔은 피부를 빠르고 고통 없이 치료한다.

lazy
[léizi]

형용사 게으른
He is a **lazy** man.
그는 게으른 사람이다.

lion
[láiən]

명사 사자
The **lion** is roaring.
사자가 포효하고 있다.

다음 우리말을 영어로 쓰세요.

점 수 :

① 헬멧

② 도보여행을 하다

③ 취미

④ 숙제

⑤ 사냥하다

⑥ 서두르다

⑦ 잼

⑧ 레이저

⑨ 게으른

⑩ 사자

MEMO

map
[mæp]

명사 지도
He is looking at a **map**.
그는 지도를 보고 있다.

marathon
[mǽrəθàn]

명사 마라톤
He will take part in a **marathon**.
그는 마라톤에 참가할 것이다.

mathematics
[mæ̀θəmǽtiks]

명사 수학
Mathematics is very interesting.
수학은 매우 재미있다.

medal
[médl]

명사 메달
A gold **medal** was awarded to the winner.
금메달이 우승자에게 수여되었다.

monkey
[mʌ́ŋki]

명사 원숭이
A **monkey** is climbing a tall tree.
원숭이가 높은 나무를 오르고 있다.

mouse
[maus]

명사 생쥐
Mice steal food and carry diseases.
생쥐는 음식을 훔치고 병을 옮긴다.

notebook
[nóutbùk]

명사 공책
Write these words in your **notebook**.
이 단어들을 공책에 적어라.

pen
[pen]

명사 펜
The **pen** is mightier than the sword.
[속담] 문(文)은 무(武)보다 강하다.

pencil
[pénsl]

명사 연필
She draws a picture with a **pencil**.
그녀는 연필로 그림을 그린다.

piano
[piǽnou]

명사 피아노
She played the song on the **piano**.
그녀는 그 노래를 피아노로 연주했다.

다음 우리말을 영어로 쓰세요.

점 수 :

① 지도

② 마라톤

③ 수학

④ 메달

⑤ 원숭이

⑥ 생쥐

⑦ 공책

⑧ 펜

⑨ 연필

⑩ 피아노

MEMO

pick [pik]	동사	**따다** He **picked** some apples from the tree. 그는 나무에서 사과 몇 개를 땄다.
pig [pig]	명사	**돼지** This **pig** is very fat. 이 돼지는 매우 살이 쪘다.
pizza [píːtsə]	명사	**피자** Let's split the **pizza** into 8 pieces. 이 피자를 8조각으로 나누자.
prince [prins]	명사	**왕자** The **prince** wanted to go out of the castle. 왕자는 성 밖으로 나가고 싶었다.
puppy [pʌ́pi]	명사	**강아지** The **puppies** slept close to their mother. 강아지들은 어미 곁에서 잠을 잤다.
queen [kwiːn]	명사	**여왕** She became a **queen**. 그녀는 여왕이 되었다.
quiz [kwiz]	명사	**퀴즈** She was listening to a **quiz** program on the radio. 그녀는 라디오에서 퀴즈 프로그램을 듣고 있었다.
rabbit [rǽbit]	명사	**토끼** **Rabbits** have long ears. 토끼는 긴 귀를 가지고 있다.
recreation [rèkriéiʃən]	명사	**레크리에이션** His only **recreations** are drinking beer and working in the garden. 그의 유일한 기분전환은 맥주를 마시는 것과 정원에서 일하는 것이다.
restroom [réstruːm]	명사	**화장실** The **restrooms** in this park are clean. 이 공원의 화장실은 깨끗하다.

다음 우리말을 영어로 쓰세요.　　　　점 수 :

① 따다

② 돼지

③ 피자

④ 왕자

⑤ 강아지

⑥ 여왕

⑦ 퀴즈

⑧ 토끼

⑨ 레크리에이션

⑩ 화장실

MEMO

ribbon
[ríbən]

명사 리본
The little girl wore a pink **ribbon** in her hair.
그 어린 소녀는 머리에 분홍색의 리본을 매고 있었다.

robot
[róubət]

명사 로봇
A **robot** opened the door for me.
로봇이 나에게 문을 열어주었다.

rose
[rouz]

명사 장미
Roses smell sweet.
장미는 달콤하게 냄새가 난다.

sandwich
[sǽndwitʃ]

명사 샌드위치
I ate a **sandwich** for lunch.
나는 점심으로 샌드위치를 먹었다.

scissors
[sízərz]

명사 가위
We cut the paper with **scissors** to make a car.
우리는 자동차를 만들기 위해서 가위로 종이를 오렸다.

shy
[ʃai]

형용사 수줍어하는
She is **shy** of meeting strangers.
그녀는 낯선 사람을 만나는 것을 수줍어한다.

skate
[skeit]

명사 스케이트
Father bought me a new pair of **skates**.
아버지는 나에게 새 스케이트 한 켤레를 사주셨다.

skirt
[skəːrt]

명사 치마
She is wearing a red **skirt**.
그녀는 빨간 치마를 입고 있다.

soccer
[sákər]

명사 축구
I play **soccer** with my friends every Sunday.
나는 일요일마다 나의 친구들과 축구를 한다.

sock
[sak]

명사 양말
He bought a pair of **socks**.
그는 양말 한 켤레를 샀다.

다음 우리말을 영어로 쓰세요.

점 수 :

① 리본

② 로봇

③ 장미

④ 샌드위치

⑤ 가위

⑥ 수줍어하는

⑦ 스케이트

⑧ 치마

⑨ 축구

⑩ 양말

MEMO

spaghetti
[spəgéti]

명사　스파게티
She ate three platefuls of **spaghetti**.
그녀는 스파게티를 세 접시나 먹었다.

spoon
[spuːn]

명사　숟가락
I use a **spoon** when I eat food.
나는 음식을 먹을 때 숟가락을 사용한다.

steak
[steik]

명사　스테이크
How do you like your **steak**?
스테이크를 얼마나 익혀 드릴까요?

subway
[sʌ́bwèi]

명사　지하철
He goes to his office by **subway**.
그는 지하철을 타고 그의 회사에 다닌다.

taxi
[tǽksi]

명사　택시
Call me a **taxi**, please.
나에게 택시를 불러주세요.

textbook
[tékstbùk]

명사　교과서
We are going to study with new **textbooks**.
우리는 새 교과서를 가지고 공부할 예정이다.

thirst
[θəːrst]

명사　갈증
I have a **thirst**.
나는 목이 마르다.

thirteen
[θə̀rtíːn]

수사　13　열셋
Six plus seven equals **thirteen**.
6 더하기 7은 13이다.

tiger
[táigər]

명사　호랑이
I saw a **tiger** in the zoo.
나는 동물원에서 호랑이를 보았다.

twelve
[twelv]

수사　12　열둘
Twelve plus three is fifteen.
12 더하기 3은 15이다.

다음 우리말을 영어로 쓰세요.

점 수 :

① 스파게티

② 숟가락

③ 스테이크

④ 지하철

⑤ 택시

⑥ 교과서

⑦ 갈증

⑧ 열셋

⑨ 호랑이

⑩ 열둘

MEMO

twenty-first

수사 제21의 스물한 번째의
The twenty-first century is the age of information and knowledge.
21세기는 정보와 지식의 시대이다.

twenty-second

수사 제22의 스물두 번째의
She died in her twenty-second year due to a drug addiction.
그녀는 약물 중독으로 22살에 죽었다.

twenty-third

수사 제23의 스물세 번째의
W is the twenty-third letter in the Latin alphabet.
W는 라틴 알파벳의 스물세 번째 글자이다.

ugly
[ʌ́gli]

형용사 추한
The witch was old and ugly.
마녀는 늙고 못생겼다.

umbrella
[ʌmbrélə]

명사 우산
He put up an umbrella.
그는 우산을 폈다.

uncle
[ʌ́ŋkl]

명사 삼촌
My uncle came to see me.
나의 삼촌이 나를 보러 오셨다.

violin
[vàiəlín]

명사 바이올린
She is playing the violin.
그녀는 바이올린을 연주하고 있다.

watermelon
[wɔ́ːtərmelən]

명사 수박
I like to eat watermelon on a hot summer day.
나는 더운 여름날 수박을 먹는 것을 좋아한다.

website
[wébsait]

명사 웹사이트
I found this information on their website.
나는 이 정보를 그들의 웹사이트에서 찾았다.

zoo
[zuː]

명사 동물원
We went to the zoo last Sunday.
우리는 지난 일요일에 동물원에 갔다.

다음 우리말을 영어로 쓰세요.

점 수 :

① 스물한 번째의 ⋯⋯⋯⋯⋯⋯⋯⋯⋯⋯⋯⋯⋯⋯

② 스물두 번째의 ⋯⋯⋯⋯⋯⋯⋯⋯⋯⋯⋯⋯⋯⋯

③ 스물세 번째의 ⋯⋯⋯⋯⋯⋯⋯⋯⋯⋯⋯⋯⋯⋯

④ 추한 ⋯⋯⋯⋯⋯⋯⋯⋯⋯⋯⋯⋯⋯⋯⋯⋯⋯⋯

⑤ 우산 ⋯⋯⋯⋯⋯⋯⋯⋯⋯⋯⋯⋯⋯⋯⋯⋯⋯⋯

⑥ 삼촌 ⋯⋯⋯⋯⋯⋯⋯⋯⋯⋯⋯⋯⋯⋯⋯⋯⋯⋯

⑦ 바이올린 ⋯⋯⋯⋯⋯⋯⋯⋯⋯⋯⋯⋯⋯⋯⋯⋯

⑧ 수박 ⋯⋯⋯⋯⋯⋯⋯⋯⋯⋯⋯⋯⋯⋯⋯⋯⋯⋯

⑨ 웹사이트 ⋯⋯⋯⋯⋯⋯⋯⋯⋯⋯⋯⋯⋯⋯⋯⋯

⑩ 동물원 ⋯⋯⋯⋯⋯⋯⋯⋯⋯⋯⋯⋯⋯⋯⋯⋯⋯

MEMO

SUPREME
서프림 초등 영단어

명사의
복수형 만드는 방법

명사의 복수형 만드는 방법

1. 규칙변화

① 대부분의 명사+–s
책 book – book**s**　　소녀 girl - girl**s**
지도 map – map**s**　　나무 tree - tree**s**

② s, x, ch, sh, 자음+o로 끝나는 명사+–es
버스 bus - bus**es**　　　상자 box - box**es**
긴 의자 bench - bench**es**　접시 dish - dish**es**
영웅 hero - hero**es**　　감자 potato - potato**es**
※(예외): 피아노 piano - piano**s**　　사진 photo – photo**s**

③ 「자음+y」로 끝나는 명사 → y를 i로 바꾸고+–es
도시 city – cit**ies**　　숙녀 lady - lad**ies**
※「모음+y」로 끝나는 명사+–s
소년 boy – boy**s**　　장난감 toy - toy**s**
원숭이 monkey – monkey**s**　　열쇠 key - key**s**

④ f, fe로 끝나는 명사 → f, fe를 v로 바꾸고+–es
나뭇잎 leaf - lea**ves**　　늑대 wolf - wol**ves**
칼 knife - kni**ves**　　아내 wife - wi**ves**
※(예외): 지붕 roof – roof**s**　　금고 safe - safe**s**

2. 불규칙변화

① 대표적인 불규칙명사
남자 man – men　　여자 woman – women
치아 tooth – teeth　　아이 child - children

② 단수, 복수 형태가 같은 명사
양 sheep – sheep　　물고기 fish - fish
사슴 deer – deer　　중국인 Chinese - Chinese

③ 항상 복수로 쓰는 명사
안경 glasses　　신발 shoes　　양말 socks　　가위 scissors

다음 명사의 복수형을 쓰세요.

01 **actor** [ǽktər] 남자배우 ⟶ ....

02 **animal** [ǽniməl] 동물 ⟶ ....

03 **apple** [ǽpl] 사과 ⟶ ....

04 **architect** [áːrkitèkt] 건축가 ⟶ ....

05 **baby** [béibi] 아기 ⟶ ....

06 **beach** [biːtʃ] 바닷가 ⟶ ....

07 **bench** [bentʃ] 긴 의자 ⟶ ....

08 **boat** [bout] 작은 배 ⟶ ....

09 **body** [bádi] 몸 ⟶ ....

10 **box** [baks] 상자 ⟶ ....

11 **boy** [bɔi] 소년 ⟶ ....

12 **branch** [bræntʃ] 가지 ⟶ ....

13 **brush** [brʌʃ] 솔 ⟶ ....

14 **building** [bíldiŋ] 건물 ⟶ ....

15 **bus** [bʌs] 버스 ⟶ ....

16 **candle** [kǽndl] 양초 ⟶ ....

17 **card** [kaːrd] 카드 ⟶ ....

18 **cat** [kæt] 고양이 ⟶ ....

19 **church** [tʃəːrtʃ] 교회 ⟶ ....

20 **chief** [tʃiːf] 우두머리 ⟶ ....

다음 명사의 복수형을 쓰세요.

21 **city** [síti] 도시   →

22 **class** [klæs] 학급   →

23 **cliff** [klif] 절벽   →

24 **computer** [kəmpjúːtər] 컴퓨터   →

25 **cookie** [kúki] 쿠키   →

26 **country** [kʌ́ntri] 나라   →

27 **cup** [kʌp] 컵   →

28 **day** [dei] 일   →

29 **dictionary** [díkʃənèri] 사전   →

30 **dish** [diʃ] 접시   →

31 **doll** [dɑl] 인형   →

32 **door** [dɔːr] 문   →

33 **duty** [djúːti] 의무   →

34 **egg** [eg] 달걀   →

35 **employee** [implɔ́ii:] 종업원   →

36 **factory** [fǽktəri] 공장   →

37 **family** [fǽməli] 가족   →

38 **farmer** [fáːrmər] 농부   →

39 **flower** [fláuər] 꽃   →

40 **foot** [fut] 발   →

다음 명사의 복수형을 쓰세요.

41 **fox** [fɑks] 여우 ⟶ ....

42 **friend** [frend] 친구 ⟶ ....

43 **girl** [gəːrl] 소녀 ⟶ ....

44 **goat** [gout] 염소 ⟶ ....

45 **goose** [guːs] 거위 ⟶ ....

46 **hero** [híərou] 영웅 ⟶ ....

47 **hobby** [hábi] 취미 ⟶ ....

48 **holiday** [hálədèi] 휴일 ⟶ ....

49 **house** [haus] 집 ⟶ ....

50 **instructor** [instrʌ́ktər] 강사 ⟶ ....

51 **Japanese** [dʒæ̀pəníːz] 일본인 ⟶ ....

52 **journey** [dʒə́ːrni] 여행 ⟶ ....

53 **kangaroo** [kæ̀ŋgərúː] 캥거루 ⟶ ....

54 **lady** [léidi] 숙녀 ⟶ ....

55 **letter** [létər] 편지 ⟶ ....

56 **map** [mæp] 지도 ⟶ ....

57 **monkey** [mʌ́ŋki] 원숭이 ⟶ ....

58 **month** [mʌnθ] 월 ⟶ ....

59 **mouse** [maus] 쥐 ⟶ ....

60 **notebook** [nóutbùk] 공책 ⟶ ....

명사의 복수형 만드는 방법

 다음 명사의 복수형을 쓰세요.

61. **orchard** [ɔ́:rtʃərd] 과수원 ⟶ _____

62. **ox** [ɑks] 수소 ⟶ _____

63. **party** [pá:rti] 파티 ⟶ _____

64. **passport** [pǽspɔːrt] 여권 ⟶ _____

65. **pencil** [pénsl] 연필 ⟶ _____

66. **person** [pə́:rsn] 사람 ⟶ _____

67. **photo** [fóutou] 사진 ⟶ _____

68. **piano** [piǽnou] 피아노 ⟶ _____

69. **picture** [píktʃər] 그림 ⟶ _____

70. **potato** [pətéitou] 감자 ⟶ _____

71. **present** [préznt] 선물 ⟶ _____

72. **problem** [prábləm] 문제 ⟶ _____

73. **question** [kwéstʃən] 질문 ⟶ _____

74. **radio** [réidiòu] 라디오 ⟶ _____

75. **radish** [rǽdiʃ] 무 ⟶ _____

76. **roof** [ruːf] 지붕 ⟶ _____

77. **rose** [rouz] 장미 ⟶ _____

78. **salmon** [sǽmən] 연어 ⟶ _____

79. **sandwich** [sǽndwitʃ] 샌드위치 ⟶ _____

80. **shelf** [ʃelf] 선반 ⟶ _____

다음 명사의 복수형을 쓰세요.

81 **ship** [ʃip] 배   ⟶ ....

82 **shirt** [ʃəːrt] 셔츠   ⟶ ....

83 **snowman** [snóumæn] 눈사람   ⟶ ....

84 **song** [sɔŋ] 노래   ⟶ ....

85 **souvenir** [sùːvəníər] 기념품   ⟶ ....

86 **star** [staːr] 별   ⟶ ....

87 **stomach** [stʌmək] 위   ⟶ ....

88 **story** [stɔ́ːri] 이야기   ⟶ ....

89 **student** [stjúːdnt] 학생   ⟶ ....

90 **Swiss** [swis] 스위스 사람   ⟶ ....

91 **table** [téibl] 탁자   ⟶ ....

92 **thief** [θiːf] 도둑   ⟶ ....

93 **tomato** [təméitou] 토마토   ⟶ ....

94 **town** [taun] 마을   ⟶ ....

95 **toy** [tɔi] 장난감   ⟶ ....

96 **tree** [triː] 나무   ⟶ ....

97 **umbrella** [ʌmbrélə] 우산   ⟶ ....

98 **watch** [watʃ] 손목시계   ⟶ ....

99 **wife** [waif] 아내   ⟶ ....

100 **zoo** [zuː] 동물원   ⟶ ....

SUPREME

서프림 초등 영단어

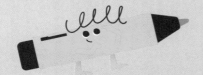

동사의 규칙변화
과거형 만드는 방법

동사의 규칙변화 과거형 만드는 방법

① **대부분의 동사: 동사원형+-ed**
돕다 help-help**ed** 보여주다 show-show**ed** 원하다 want-want**ed**

② **-e로 끝나는 동사: 동사원형+-d**
살다 live-live**d** 좋아하다 like-like**d** 움직이다 move-move**d**

③ **「자음+y」로 끝나는 동사: y를 i로 바꾸고+-ed**
공부하다 study-stud**ied** 울다 cry-cr**ied** 노력하다 try-tr**ied**
※「모음+y」로 끝나는 동사: +-ed
놀다 play-play**ed** 즐기다 enjoy-enjoy**ed** 머무르다 stay-stay**ed**

④ **「단모음+단자음」으로 끝나는 1음절 동사: 자음을 한 번 더 쓰고+-ed**
멈추다 stop-stop**ped** 계획하다 plan-plan**ned**
떨어뜨리다 drop-drop**ped** 구걸하다 beg-beg**ged**

*** **-(e)d의 발음**

① **원형이 무성음인 [p], [k], [f], [s], [ʃ], [tʃ]등으로 끝나는 말은 [t]로 발음된다.**
일하다 work [wəːrk] - work**ed** [wəːrkt]
멈추다 stop [stɑp] - stop**ped** [stɑpt]

② **[d], [t]로 끝나는 말은 [id]로 발음된다.**
기다리다 wait [weit] - wait**ed** [wéitid]
고치다 mend [mend] - mend**ed** [méndid]

③ **그 이외의 유성음으로 끝나는 말은 [d]로 발음된다.**
살다 live [liv] - live**d** [livd]
놀다 play [plei] - play**ed** [pleid]

다음 동사의 과거형을 쓰세요.

01 **add** [æd] 더하다 ⟶ ----------

02 **admit** [ədmít] 인정하다 ⟶ ----------

03 **agree** [əgríː] 동의하다 ⟶ ----------

04 **answer** [ǽnsər] 대답하다 ⟶ ----------

05 **appoint** [əpɔ́int] 임명하다 ⟶ ----------

06 **arrive** [əráiv] 도착하다 ⟶ ----------

07 **bake** [beik] 굽다 ⟶ ----------

08 **believe** [bilíːv] 믿다 ⟶ ----------

09 **call** [kɔːl] 부르다 ⟶ ----------

10 **carry** [kǽri] 나르다 ⟶ ----------

11 **change** [tʃeindʒ] 바꾸다 ⟶ ----------

12 **close** [klouz] 닫다 ⟶ ----------

13 **collect** [kəlékt] 모으다 ⟶ ----------

14 **connect** [kənékt] 연결하다 ⟶ ----------

15 **cover** [kʌ́vər] 덮다 ⟶ ----------

16 **cross** [krɔs] 건너다 ⟶ ----------

17 **dance** [dæns] 춤추다 ⟶ ----------

18 **decide** [disáid] 결심하다 ⟶ ----------

19 **delay** [diléi] 늦추다 ⟶ ----------

20 **die** [dai] 죽다 ⟶ ----------

동사의 규칙변화 과거형 만드는 방법

 다음 동사의 과거형을 쓰세요.

[21] **discuss** [diskʌs] 토론하다   ⟶

[22] **drop** [drɑp] 떨어뜨리다   ⟶

[23] **end** [end] 끝나다   ⟶

[24] **enjoy** [indʒɔ́i] 즐기다   ⟶

[25] **enter** [éntər] 들어가다   ⟶

[26] **fail** [feil] 실패하다   ⟶

[27] **fix** [fiks] 고정시키다   ⟶

[28] **form** [fɔ:rm] 형성하다   ⟶

[29] **guess** [ges] 추측하다   ⟶

[30] **guide** [gaid] 안내하다   ⟶

[31] **happen** [hǽpən] 발생하다   ⟶

[32] **hate** [heit] 미워하다   ⟶

[33] **help** [help] 돕다   ⟶

[34] **hurry** [hə́:ri] 서두르다   ⟶

[35] **improve** [imprú:v] 개선되다   ⟶

[36] **invent** [invént] 발명하다   ⟶

[37] **invite** [inváit] 초대하다   ⟶

[38] **join** [dʒɔin] 가입하다   ⟶

[39] **judge** [dʒʌdʒ] 판단하다   ⟶

[40] **jump** [dʒʌmp] 점프하다   ⟶

다음 동사의 과거형을 쓰세요.

[41] **kick** [kik] 차다   ⟶ ....

[42] **kill** [kil] 죽이다   ⟶ ....

[43] **laugh** [læf] 웃다   ⟶ ....

[44] **learn** [ləːrn] 배우다   ⟶ ....

[45] **listen** [lísn] 듣다   ⟶ ....

[46] **like** [laik] 좋아하다   ⟶ ....

[47] **live** [liv] 살다   ⟶ ....

[48] **lock** [lak] 잠그다   ⟶ ....

[49] **look** [luk] 보다   ⟶ ....

[50] **marry** [mǽri] 결혼하다   ⟶ ....

[51] **miss** [mis] 놓치다   ⟶ ....

[52] **move** [muːv] 움직이다   ⟶ ....

[53] **notice** [nóutis] 눈치채다   ⟶ ....

[54] **obey** [oubéi] 복종하다   ⟶ ....

[55] **open** [óupən] 열다   ⟶ ....

[56] **pick** [pik] 따다   ⟶ ....

[57] **place** [pleis] 놓다   ⟶ ....

[58] **plan** [plæn] 계획하다   ⟶ ....

[59] **play** [plei] 놀다   ⟶ ....

[60] **pour** [pɔːr] 붓다   ⟶ ....

다음 동사의 과거형을 쓰세요.

61 **practice** [præktis] 연습하다 ⟶ _____

62 **push** [puʃ] 밀다 ⟶ _____

63 **rain** [rein] 비가 오다 ⟶ _____

64 **raise** [reiz] 들어 올리다 ⟶ _____

65 **reach** [riːʧ] 도착하다 ⟶ _____

66 **repeat** [ripíːt] 반복하다 ⟶ _____

67 **return** [ritə́ːrn] 돌아오다 ⟶ _____

68 **roll** [roul] 구르다 ⟶ _____

69 **ruin** [rúːin] 파괴하다 ⟶ _____

70 **save** [seiv] 구하다 ⟶ _____

71 **seem** [siːm] ~처럼 보이다 ⟶ _____

72 **serve** [səːrv] 섬기다 ⟶ _____

73 **share** [ʃɛər] 공유하다 ⟶ _____

74 **shop** [ʃap] 쇼핑하다 ⟶ _____

75 **solve** [salv] 풀다 ⟶ _____

76 **sound** [saund] 소리가 나다 ⟶ _____

77 **start** [staːrt] 출발하다 ⟶ _____

78 **stay** [stei] 머무르다 ⟶ _____

79 **stop** [stap] 멈추다 ⟶ _____

80 **study** [stʌ́di] 공부하다 ⟶ _____

다음 동사의 과거형을 쓰세요.

[81] **suggest** [səgdʒést] 제안하다 ⟶ -------------------------------

[82] **surprise** [sərpráiz] 놀라게 하다 ⟶ -------------------------------

[83] **swallow** [swálou] 삼키다 ⟶ -------------------------------

[84] **tie** [tai] 묶다 ⟶ -------------------------------

[85] **touch** [tʌtʃ] 만지다 ⟶ -------------------------------

[86] **train** [trein] 훈련하다 ⟶ -------------------------------

[87] **try** [trai] 노력하다 ⟶ -------------------------------

[88] **turn** [təːrn] 돌다 ⟶ -------------------------------

[89] **use** [juːz] 사용하다 ⟶ -------------------------------

[90] **vanish** [vǽniʃ] 사라지다 ⟶ -------------------------------

[91] **visit** [vízit] 방문하다 ⟶ -------------------------------

[92] **wait** [weit] 기다리다 ⟶ -------------------------------

[93] **walk** [wɔːk] 걷다 ⟶ -------------------------------

[94] **want** [want] 원하다 ⟶ -------------------------------

[95] **waste** [weist] 낭비하다 ⟶ -------------------------------

[96] **watch** [watʃ] 지켜보다 ⟶ -------------------------------

[97] **wish** [wiʃ] 소원하다 ⟶ -------------------------------

[98] **wonder** [wʌ́ndər] 궁금하다 ⟶ -------------------------------

[99] **worry** [wə́ːri] 걱정하다 ⟶ -------------------------------

[100] **wrap** [ræp] 포장하다 ⟶ -------------------------------

SUPREME
서프림 초등 영단어

현재분사, 동명사
만드는 방법

현재분사, 동명사 만드는 방법: 「동사원형+-ing」

① **대부분의 동사: 동사원형+-ing**
   공부하다 study ⇒ study**ing**   일하다 work ⇒ work**ing**

② **-e로 끝나는 동사: e를 빼고+-ing**
   오다 come ⇒ com**ing**   쓰다 write ⇒ writ**ing**
   《cf.》 동의하다 agree ⇒ agree**ing**   보다 see ⇒ see**ing**

③ **「단모음+단자음」으로 끝나는 동사: 자음을 한 번 더 쓰고+-ing**
   자르다 cut ⇒ cut**ting**   달리다 run ⇒ run**ning**

④ **-ie로 끝나는 동사: ie를 y로 바꾸고+-ing**
   죽다 die ⇒ d**ying**   눕다 lie ⇒ l**ying**

다음 동사의 ~ing형을 쓰세요.

01 **add** [æd] 더하다 →

02 **arrive** [əráiv] 도착하다 →

03 **ask** [æsk] 묻다 →

04 **begin** [bigín] 시작하다 →

05 **believe** [bilíːv] 믿다 →

06 **blow** [blou] 불다 →

07 **break** [breik] 깨뜨리다 →

08 **bring** [briŋ] 가져오다 →

09 **build** [bild] 짓다 →

10 **burn** [bəːrn] 불타다 →

11 **buy** [bai] 사다 →

12 **call** [kɔːl] 부르다 →

13 **carry** [kǽri] 나르다 →

14 **catch** [kætʃ] 잡다 →

15 **change** [tʃeindʒ] 바꾸다 →

16 **check** [tʃek] 체크하다 →

17 **cheer** [tʃiər] 환호하다 →

18 **choose** [tʃuːz] 고르다 →

19 **climb** [klaim] 오르다 →

20 **close** [klouz] 닫다 →

다음 동사의 ~ing형을 쓰세요.

21 **collect** [kəlékt] 모으다   ⟶ ....

22 **come** [kʌm] 오다   ⟶ ....

23 **cry** [krai] 소리 내어 울다   ⟶ ....

24 **cut** [kʌt] 자르다   ⟶ ....

25 **dance** [dæns] 춤추다   ⟶ ....

26 **dive** [daiv] 뛰어들다   ⟶ ....

27 **do** [duː] 하다   ⟶ ....

28 **draw** [drɔː] 그리다   ⟶ ....

29 **dream** [driːm] 꿈꾸다   ⟶ ....

30 **drink** [driŋk] 마시다   ⟶ ....

31 **drive** [draiv] 운전하다   ⟶ ....

32 **eat** [iːt] 먹다   ⟶ ....

33 **enter** [éntər] 들어가다   ⟶ ....

34 **fall** [fɔːl] 떨어지다   ⟶ ....

35 **find** [faind] 찾다   ⟶ ....

36 **float** [flout] 뜨다   ⟶ ....

37 **fly** [flai] 날다   ⟶ ....

38 **get** [get] 얻다   ⟶ ....

39 **give** [giv] 주다   ⟶ ....

40 **go** [gou] 가다   ⟶ ....

다음 동사의 ～ing형을 쓰세요.

[41] **grow** [grou] 자라다 $\longrightarrow$ ....

[42] **have** [hæv] 가지고 있다 $\longrightarrow$ ....

[43] **help** [help] 돕다 $\longrightarrow$ ....

[44] **hit** [hit] 치다 $\longrightarrow$ ....

[45] **hold** [hould] 잡다 $\longrightarrow$ ....

[46] **join** [dʒɔin] 결합하다 $\longrightarrow$ ....

[47] **jump** [dʒʌmp] 점프하다 $\longrightarrow$ ....

[48] **keep** [ki:p] 지키다 $\longrightarrow$ ....

[49] **leave** [li:v] 떠나다 $\longrightarrow$ ....

[50] **lend** [lend] 빌려주다 $\longrightarrow$ ....

[51] **lie** [lai] 눕다 $\longrightarrow$ ....

[52] **live** [liv] 살다 $\longrightarrow$ ....

[53] **look** [luk] 보다 $\longrightarrow$ ....

[54] **lose** [lu:z] 잃다 $\longrightarrow$ ....

[55] **love** [lʌv] 사랑하다 $\longrightarrow$ ....

[56] **make** [meik] 만들다 $\longrightarrow$ ....

[57] **meet** [mi:t] 만나다 $\longrightarrow$ ....

[58] **move** [mu:v] 움직이다 $\longrightarrow$ ....

[59] **open** [óupən] 열다 $\longrightarrow$ ....

[60] **park** [pɑ:rk] 주차하다 $\longrightarrow$ ....

다음 동사의 ~ing형을 쓰세요.

61 **plant** [plænt] 심다 ⟶ ⋯⋯⋯⋯⋯⋯⋯⋯⋯⋯⋯⋯⋯⋯

62 **play** [plei] 놀다 ⟶ ⋯⋯⋯⋯⋯⋯⋯⋯⋯⋯⋯⋯⋯⋯

63 **push** [puʃ] 밀다 ⟶ ⋯⋯⋯⋯⋯⋯⋯⋯⋯⋯⋯⋯⋯⋯

64 **put** [put] 놓다 ⟶ ⋯⋯⋯⋯⋯⋯⋯⋯⋯⋯⋯⋯⋯⋯

65 **read** [riːd] 읽다 ⟶ ⋯⋯⋯⋯⋯⋯⋯⋯⋯⋯⋯⋯⋯⋯

66 **respect** [rispékt] 존경하다 ⟶ ⋯⋯⋯⋯⋯⋯⋯⋯⋯⋯⋯⋯⋯⋯

67 **ride** [raid] 타다 ⟶ ⋯⋯⋯⋯⋯⋯⋯⋯⋯⋯⋯⋯⋯⋯

68 **run** [rʌn] 달리다 ⟶ ⋯⋯⋯⋯⋯⋯⋯⋯⋯⋯⋯⋯⋯⋯

69 **say** [sei] 말하다 ⟶ ⋯⋯⋯⋯⋯⋯⋯⋯⋯⋯⋯⋯⋯⋯

70 **see** [siː] 보다 ⟶ ⋯⋯⋯⋯⋯⋯⋯⋯⋯⋯⋯⋯⋯⋯

71 **sell** [sel] 팔다 ⟶ ⋯⋯⋯⋯⋯⋯⋯⋯⋯⋯⋯⋯⋯⋯

72 **send** [send] 보내다 ⟶ ⋯⋯⋯⋯⋯⋯⋯⋯⋯⋯⋯⋯⋯⋯

73 **set** [set] 놓다 ⟶ ⋯⋯⋯⋯⋯⋯⋯⋯⋯⋯⋯⋯⋯⋯

74 **shop** [ʃɑp] 쇼핑하다 ⟶ ⋯⋯⋯⋯⋯⋯⋯⋯⋯⋯⋯⋯⋯⋯

75 **sing** [siŋ] 노래하다 ⟶ ⋯⋯⋯⋯⋯⋯⋯⋯⋯⋯⋯⋯⋯⋯

76 **sit** [sit] 앉다 ⟶ ⋯⋯⋯⋯⋯⋯⋯⋯⋯⋯⋯⋯⋯⋯

77 **sleep** [sliːp] 자다 ⟶ ⋯⋯⋯⋯⋯⋯⋯⋯⋯⋯⋯⋯⋯⋯

78 **smile** [smail] 미소 짓다 ⟶ ⋯⋯⋯⋯⋯⋯⋯⋯⋯⋯⋯⋯⋯⋯

79 **smoke** [smouk] 흡연하다 ⟶ ⋯⋯⋯⋯⋯⋯⋯⋯⋯⋯⋯⋯⋯⋯

80 **speak** [spiːk] 말하다 ⟶ ⋯⋯⋯⋯⋯⋯⋯⋯⋯⋯⋯⋯⋯⋯

다음 동사의 ~ing형을 쓰세요.

81 **spend** [spend] 소비하다 → ______

82 **stand** [stænd] 서다 → ______

83 **start** [stɑːrt] 출발하다 → ______

84 **stay** [stei] 머물다 → ______

85 **stop** [stap] 멈추다 → ______

86 **study** [stʌ́di] 공부하다 → ______

87 **swim** [swim] 수영하다 → ______

88 **take** [teik] 가지고 가다 → ______

89 **teach** [tiːtʃ] 가르치다 → ______

90 **tell** [tel] 말하다 → ______

91 **tie** [tai] 묶다 → ______

92 **turn** [təːrn] 돌다 → ______

93 **wait** [weit] 기다리다 → ______

94 **wake** [weik] 깨다 → ______

95 **walk** [wɔːk] 걷다 → ______

96 **wash** [waʃ] 씻다 → ______

97 **wear** [wɛər] 입고 있다 → ______

98 **win** [win] 이기다 → ______

99 **work** [wəːrk] 일하다 → ______

100 **write** [rait] 쓰다 → ______

SUPREME

서프림 초등 영단어

형용사, 부사의 규칙 비교변화 만드는 방법

형용사, 부사의 규칙 비교변화 만드는 방법

원급+-er, -est or more, most+원급

비교급 ⇒ -er, more 최상급 ⇒ -est, most

① 1음절인 경우: -er, -est를 붙인다.

긴   long longer longest

젊은 young younger youngest

② 1음절에서「e」로 끝나는 경우: -r, -st를 붙인다.

현명한 wise wiser wisest

큰   large larger largest

③ 1음절에서「단모음+단자음」으로 끝나는 경우:
자음을 한 번 더 쓰고 -er, -est를 붙인다.

뜨거운 hot hotter hottest

큰   big bigger biggest

④ 「자음+y」로 끝나는 경우:
y를 i로 고치고 -er, -est를 붙인다.

쉬운   easy easier easiest

행복한 happy happier happiest

예쁜   pretty prettier prettiest

⑤ 3음절 이상 또는 - ful, -ous, -able, -less, -ive, -ing
등으로 끝나는 2음절 이상인 경우: 앞에 more, most를 붙인다.

주의 깊은 careful more careful most careful

어려운   difficult more difficult most difficult

흥미로운 interesting more interesting most interesting

다음 형용사의 비교급과 최상급을 쓰세요.

	비교급	최상급
01 **active** 활동적인		
02 **angry** 화난		
03 **artistic** 예술의		
04 **awkward** 어색한		
05 **beautiful** 아름다운		
06 **big** 큰		
07 **brave** 용감한		
08 **bright** 밝은		
09 **busy** 바쁜		
10 **careful** 주의 깊은		
11 **cheap** 값이 싼		
12 **clean** 깨끗한		
13 **clever** 영리한		
14 **colorful** 화려한		
15 **comfortable** 편안한		
16 **convenient** 편리한		
17 **cool** 시원한		
18 **creative** 창조적인		
19 **curious** 호기심이 강한		
20 **dangerous** 위험한		

다음 형용사의 비교급과 최상급을 쓰세요.

	비교급	최상급
[21] **delicious** 맛있는		
[22] **different** 다른		
[23] **difficult** 어려운		
[24] **diligent** 부지런한		
[25] **dirty** 더러운		
[26] **early** 이른		
[27] **easy** 쉬운		
[28] **effective** 효과적인		
[29] **enjoyable** 즐거운		
[30] **excited** 흥분한		
[31] **exciting** 흥분시키는		
[32] **expensive** 값비싼		
[33] **famous** 유명한		
[34] **fast** 빠른		
[35] **fat** 살찐		
[36] **foolish** 어리석은		
[37] **fresh** 신선한		
[38] **friendly** 친한		
[39] **generous** 너그러운		
[40] **great** 큰		

다음 형용사의 비교급과 최상급을 쓰세요.

	비교급	최상급
41 **happy** 행복한		
42 **hard** 딱딱한		
43 **harsh** 가혹한		
44 **heavy** 무거운		
45 **helpful** 도움이 되는		
46 **hopeless** 희망이 없는		
47 **hot** 뜨거운		
48 **huge** 거대한		
49 **hungry** 배고픈		
50 **important** 중요한		
51 **interesting** 흥미로운		
52 **kind** 친절한		
53 **large** 큰		
54 **light** 가벼운		
55 **logical** 논리적인		
56 **loud** 큰소리의		
57 **lovely** 사랑스러운		
58 **low** 낮은		
59 **lucky** 행운의		
60 **mild** 온화한		

다음 형용사의 비교급과 최상급을 쓰세요.

	비교급	최상급
61 **nervous** 초조한 →		
62 **nice** 멋진 →		
63 **noisy** 시끄러운 →		
64 **old** 늙은 →		
65 **original** 원래의 →		
66 **patient** 참을성 있는 →		
67 **peaceful** 평화로운 →		
68 **poor** 가난한 →		
69 **popular** 인기 있는 →		
70 **practical** 실제의 →		
71 **pretty** 예쁜 →		
72 **quick** 빠른 →		
73 **quiet** 조용한 →		
74 **regular** 규칙적인 →		
75 **rich** 부유한 →		
76 **sad** 슬픈 →		
77 **safe** 안전한 →		
78 **short** 짧은 →		
79 **similar** 유사한 →		
80 **smart** 똑똑한 →		

다음 형용사의 비교급과 최상급을 쓰세요.

	비교급	최상급
81 **soft** 부드러운		
82 **special** 특별한		
83 **strict** 엄격한		
84 **strong** 힘이 센		
85 **sunny** 양지바른		
86 **sweet** 단		
87 **tall** 키가 큰		
88 **tasty** 맛있는		
89 **terrible** 끔찍한		
90 **thirsty** 목마른		
91 **tired** 피곤한		
92 **ugly** 추한		
93 **useful** 쓸모 있는		
94 **useless** 쓸모없는		
95 **various** 다양한		
96 **warm** 따뜻한		
97 **weak** 약한		
98 **wet** 젖은		
99 **wise** 현명한		
100 **young** 젊은		

SUPREME

서프림 초등 영단어

형용사, 부사의
불규칙 변화형

good [gud] 형용사 좋은   good – better - best

well [wel] 형용사 건강한   well - better - best

well [wel] 부사 잘   well - better - best

bad [bæd] 형용사 나쁜   bad - worse - worst

badly [bǽdli] 부사 나쁘게   badly - worse - worst

ill [il] 형용사 병든   ill - worse - worst

many [méni] 형용사 수가 많은   many - more - most

much [mʌtʃ] 형용사 양이 많은   much - more - most

few [fju:] 형용사 수가 적은   few – fewer - fewest

little [lítl] 형용사 양이 적은   little - less - least

old [ould] 형용사 늙은   old – older - oldest

old [ould] 형용사 손위의   old – elder - eldest

late [leit] 형용사 시간이 늦은   late – later - latest

late [leit] 형용사 순서가 늦은   late – latter - last

far [fɑːr] 형용사 거리가 먼   far – farther - farthest

far [fɑːr] 형용사 정도가 더욱   far – further - furthest

far [fɑːr] 부사 거리가 멀리   far – farther - farthest

far [fɑːr] 부사 정도가 무척   far – further – furthest

다음 형용사 부사의 비교급과 최상급을 쓰세요.

	비교급	최상급
01 **good** [gud] 형용사 좋은		
02 **well** [wel] 형용사 건강한		
03 **well** [wel] 부사 잘		
04 **bad** [bæd] 형용사 나쁜		
05 **badly** [bǽdli] 부사 나쁘게		
06 **ill** [il] 형용사 병든		
07 **many** [méni] 형용사 수가 많은		
08 **much** [mʌtʃ] 형용사 양이 많은		
09 **few** [fjuː] 형용사 수가 적은		
10 **little** [lítl] 형용사 양이 적은		
11 **old** [ould] 형용사 늙은		
12 **old** [ould] 형용사 손위의		
13 **late** [leit] 형용사 시간이 늦은		
14 **late** [leit] 형용사 순서가 늦은		
15 **far** [fɑːr] 형용사 거리가 먼		
16 **far** [fɑːr] 형용사 정도가 더욱		
17 **far** [fɑːr] 부사 거리가 멀리		
18 **far** [fɑːr] 부사 정도가 무척		

SUPREME

서프림 초등 영단어

형용사를 부사로
만드는 방법

형용사를 부사로 만드는 방법: 「형용사+-ly」

① 대부분의 형용사+-ly
주의 깊은 careful ⇒ carefully   친절한 kind ⇒ kindly

② 「자음+y」로 끝나는 형용사
쉬운 easy ⇒ easily   행복한 happy ⇒ happily

③ -ue로 끝나는 형용사
진실한 true ⇒ truly
※(예외): 유일한 unique ⇒ uniquely

④ -le로 끝나는 형용사
점잖은 gentle ⇒ gently   간단한 simple ⇒ simply

⑤ -ll로 끝나는 형용사
가득 찬 full ⇒ fully   무딘 dull ⇒ dully

〈주의〉「명사+-ly」 형용사 :
　　　사랑 love ⇒ lovely (사랑스러운)
　　　친구 friend ⇒ friendly (친한)
　　　성인남자 man ⇒ manly (남자다운)

다음 형용사의 부사형을 쓰세요.

[01] **actual** [ǽktʃuəl] 실제의

[02] **admirable** [ǽdmərəbl] 감탄할만한

[03] **angry** [ǽŋgri] 화난

[04] **anxious** [ǽŋkʃəs] 걱정하는

[05] **bad** [bæd] 나쁜

[06] **beautiful** [bjúːtifl] 아름다운

[07] **brave** [breiv] 용감한

[08] **busy** [bízi] 바쁜

[09] **careful** [kɛ́ərfl] 주의 깊은

[10] **certain** [sə́ːrtn] 확실한

[11] **clear** [kliər] 맑은

[12] **cold** [kould] 추운

[13] **colorful** [kʌ́lərfəl] 화려한

[14] **comfortable** [kʌ́mfərtəbl] 편안한

[15] **creative** [kriːéitiv] 창조적인

[16] **dangerous** [déindʒərəs] 위험한

[17] **dear** [diər] 친애하는

[18] **different** [dífərənt] 다른

[19] **dull** [dʌl] 무딘

[20] **easy** [íːzi] 쉬운

다음 형용사의 부사형을 쓰세요.

21) **effective** [iféktiv] 효과적인 ⟶ _____

22) **equal** [íːkwəl] 같은 ⟶ _____

23) **essential** [isénʃəl] 필수적인 ⟶ _____

24) **exact** [igzǽkt] 정확한 ⟶ _____

25) **fair** [fɛər] 공정한 ⟶ _____

26) **final** [fáinəl] 마지막의 ⟶ _____

27) **firm** [fəːrm] 단단한 ⟶ _____

28) **foolish** [fúːliʃ] 어리석은 ⟶ _____

29) **fortunate** [fɔːrtʃənit] 행운의 ⟶ _____

30) **free** [friː] 자유의 ⟶ _____

31) **frequent** [fríːkwənt] 빈번한 ⟶ _____

32) **fresh** [freʃ] 신선한 ⟶ _____

33) **full** [ful] 가득 찬 ⟶ _____

34) **gentle** [dʒéntl] 점잖은 ⟶ _____

35) **glad** [glæd] 기쁜 ⟶ _____

36) **global** [glóubəl] 세계적인 ⟶ _____

37) **graceful** [gréisfl] 우아한 ⟶ _____

38) **great** [greit] 큰 ⟶ _____

39) **happy** [hǽpi] 행복한 ⟶ _____

40) **heavy** [hévi] 무거운 ⟶ _____

다음 형용사의 부사형을 쓰세요.

41 **huge** [hjuːdʒ] 거대한   ⟶

42 **idle** [áidl] 게으른   ⟶

43 **immediate** [imíːdiət] 즉시의   ⟶

44 **important** [impɔ́ːrtənt] 중요한   ⟶

45 **incredible** [inkrédəbl] 믿을 수 없는   ⟶

46 **international** [ìntərnǽʃənəl] 국제적인   ⟶

47 **kind** [kaind] 친절한   ⟶

48 **large** [lɑːrdʒ] 큰   ⟶

49 **loud** [laud] 큰소리의   ⟶

50 **lucky** [lʌ́ki] 행운의   ⟶

51 **main** [mein] 주요한   ⟶

52 **moral** [mɔ́rəl] 도덕적인   ⟶

53 **natural** [nǽtʃərəl] 자연의   ⟶

54 **necessary** [nésəsèri] 필요한   ⟶

55 **new** [njuː] 새로운   ⟶

56 **nice** [nais] 멋진   ⟶

57 **noble** [nóubl] 고귀한   ⟶

58 **noisy** [nɔ́izi] 시끄러운   ⟶

59 **obvious** [ábviəs] 명백한   ⟶

60 **official** [əfíʃəl] 공무상의   ⟶

다음 형용사의 부사형을 쓰세요.

61 **original** [ərídʒənəl] 원래의 ⟶ ⋯⋯⋯⋯⋯⋯⋯⋯⋯⋯⋯⋯

62 **polite** [pəláit] 공손한 ⟶ ⋯⋯⋯⋯⋯⋯⋯⋯⋯⋯⋯⋯

63 **poor** [puər] 가난한 ⟶ ⋯⋯⋯⋯⋯⋯⋯⋯⋯⋯⋯⋯

64 **possible** [pásəbl] 가능한 ⟶ ⋯⋯⋯⋯⋯⋯⋯⋯⋯⋯⋯⋯

65 **pretty** [príti] 예쁜 ⟶ ⋯⋯⋯⋯⋯⋯⋯⋯⋯⋯⋯⋯

66 **private** [práivit] 사적인 ⟶ ⋯⋯⋯⋯⋯⋯⋯⋯⋯⋯⋯⋯

67 **proper** [prápər] 적절한 ⟶ ⋯⋯⋯⋯⋯⋯⋯⋯⋯⋯⋯⋯

68 **quick** [kwik] 빠른 ⟶ ⋯⋯⋯⋯⋯⋯⋯⋯⋯⋯⋯⋯

69 **quiet** [kwáiət] 조용한 ⟶ ⋯⋯⋯⋯⋯⋯⋯⋯⋯⋯⋯⋯

70 **real** [ríːəl] 실제의 ⟶ ⋯⋯⋯⋯⋯⋯⋯⋯⋯⋯⋯⋯

71 **reasonable** [ríːznəbl] 합리적인 ⟶ ⋯⋯⋯⋯⋯⋯⋯⋯⋯⋯⋯⋯

72 **regular** [régjulər] 규칙적인 ⟶ ⋯⋯⋯⋯⋯⋯⋯⋯⋯⋯⋯⋯

73 **rich** [ritʃ] 부유한 ⟶ ⋯⋯⋯⋯⋯⋯⋯⋯⋯⋯⋯⋯

74 **rude** [ruːd] 무례한 ⟶ ⋯⋯⋯⋯⋯⋯⋯⋯⋯⋯⋯⋯

75 **sad** [sæd] 슬픈 ⟶ ⋯⋯⋯⋯⋯⋯⋯⋯⋯⋯⋯⋯

76 **safe** [seif] 안전한 ⟶ ⋯⋯⋯⋯⋯⋯⋯⋯⋯⋯⋯⋯

77 **serious** [síəriəs] 진지한 ⟶ ⋯⋯⋯⋯⋯⋯⋯⋯⋯⋯⋯⋯

78 **silent** [sáilənt] 침묵의 ⟶ ⋯⋯⋯⋯⋯⋯⋯⋯⋯⋯⋯⋯

79 **similar** [símələr] 비슷한 ⟶ ⋯⋯⋯⋯⋯⋯⋯⋯⋯⋯⋯⋯

80 **simple** [símpl] 단순한 ⟶ ⋯⋯⋯⋯⋯⋯⋯⋯⋯⋯⋯⋯

다음 형용사의 부사형을 쓰세요.

81 **sincere** [sinsíər] 성실한 ⟶ ....

82 **slight** [slait] 약간의 ⟶ ....

83 **slow** [slou] 느린 ⟶ ....

84 **soft** [sɔft] 부드러운 ⟶ ....

85 **special** [spéʃəl] 특별한 ⟶ ....

86 **strange** [streindʒ] 이상한 ⟶ ....

87 **strong** [strɔːŋ] 힘이 센 ⟶ ....

88 **sudden** [sʌdn] 갑작스러운 ⟶ ....

89 **surprising** [sərpráiziŋ] 놀라운 ⟶ ....

90 **terrible** [térəbl] 끔찍한 ⟶ ....

91 **thirsty** [θə́ːrsti] 목마른 ⟶ ....

92 **true** [truː] 진실한 ⟶ ....

93 **unique** [juːníːk] 유일한 ⟶ ....

94 **usual** [júːʒuəl] 평소의 ⟶ ....

95 **various** [véəriəs] 다양한 ⟶ ....

96 **visible** [vízəbl] 눈에 보이는 ⟶ ....

97 **wide** [waid] 폭이 넓은 ⟶ ....

98 **willing** [wíliŋ] 기꺼이~하는 ⟶ ....

99 **wise** [waiz] 현명한 ⟶ ....

100 **wonderful** [wʌ́ndərfl] 놀라운 ⟶ ....

정답

• 명사의 복수형 만드는 방법

01. actors 02. animals 03. apples 04. architects 05. babies

06. beaches 07. benches 08. boats 09. bodies 10. boxes

11. boys 12. branches 13. brushes 14. buildings 15. buses

16. candles 17. cards 18. cats 19. churches 20. chiefs

21. cities 22. classes 23. cliffs 24. computers 25. cookies

26. countries 27. cups 28. days 29. dictionaries 30. dishes

31. dolls 32. doors 33. duties 34. eggs 35. employees

36. factories 37. families 38. farmers 39. flowers 40. feet

41. foxes 42. friends 43. girls 44. goats 45. geese

46. heroes 47. hobbies 48. holidays 49. houses 50. instructors

51. Japanese 52. journeys 53. kangaroos 54. ladies 55. letters

56. maps 57. monkeys 58. months 59. mice 60. notebooks

61. orchards 62. oxen 63. parties 64. passports 65. pencils

66. persons 67. photos 68. pianos 69. pictures 70. potatoes

71. presents 72. problems 73. questions 74. radios 75. radishes

76. roofs 77. roses 78. salmon 79. sandwiches 80. shelves

81. ships 82. shirts 83. snowmen 84. songs 85. souvenirs

86. stars 87. stomachs 88. stories 89. students 90. Swiss

91. tables 92. thieves 93. tomatoes 94. towns 95. toys

96. trees 97. umbrellas 98. watches 99. wives 100. zoos

• 동사의 규칙변화 과거형 만드는 방법

01. added 02. admitted 03. agreed 04. answered 05. appointed

06. arrived 07. baked 08. believed 09. called 10. carried

11. changed 12. closed 13. collected 14. connected 15. covered

16. crossed 17. danced 18. decided 19. delayed 20. died

21. discussed 22. dropped 23. ended 24. enjoyed 25. entered

26. failed 27. fixed 28. formed 29. guessed 30. guided

31. happened 32. hated 33. helped 34. hurried 35. improved

36. invented 37. invited 38. joined 39. judged 40. jumped

41. kicked 42. killed 43. laughed 44. learned 45. listened

46. liked 47. lived 48. locked 49. looked 50. married

51. missed 52. moved 53. noticed 54. obeyed 55. opened

56. picked 57. placed 58. planned 59. played 60. poured

61. practiced 62. pushed 63. rained 64. raised 65. reached

66. repeated 67. returned 68. rolled 69. ruined 70. saved

71. seemed 72. served 73. shared 74. shopped 75. solved

76. sounded 77. started 78. stayed 79. stopped 80. studied

81. suggested 82. surprised 83. swallowed 84. tied 85. touched

86. trained 87. tried 88. turned 89. used 90. vanished

91. visited 92. waited 93. walked 94. wanted 95. wasted

96. watched 97. wished 98. wondered 99. worried 100. wrapped

정답

• 현재분사, 동명사 만드는 방법:「동사원형+-ing」

01. adding 02. arriving 03. asking 04. beginning 05. believing

06. blowing 07. breaking 08. bringing 09. building 10. burning

11. buying 12. calling 13. carrying 14. catching 15. changing

16. checking 17. cheering 18. choosing 19. climbing 20. closing

21. collecting 22. coming 23. crying 24. cutting 25. dancing

26. diving 27. doing 28. drawing 29. dreaming 30. drinking

31. driving 32. eating 33. entering 34. falling 35. finding

36. floating 37. flying 38. getting 39. giving 40. going

41. growing 42. having 43. helping 44. hitting 45. holding

46. joining 47. jumping 48. keeping 49. leaving 50. lending

51. lying 52. living 53. looking 54. losing 55. loving

56. making 57. meeting 58. moving 59. opening 60. parking

61. planting 62. playing 63. pushing 64. putting 65. reading

66. respecting 67. riding 68. running 69. saying 70. seeing

71. selling 72. sending 73. setting 74. shopping 75. singing

76. sitting 77. sleeping 78. smiling 79. smoking 80. speaking

81. spending 82. standing 83. starting 84. staying 85. stopping

86. studying 87. swimming 88. taking 89. teaching 90. telling

91. tying 92. turning 93. waiting 94. waking 95. walking

96. washing 97. wearing 98. winning 99. working 100. writing

• 형용사, 부사의 규칙 비교변화 만드는 방법

01. more active, most active
02. angrier, angriest
03. more artistic, most artistic
04. more awkward, most awkward
05. more beautiful, most beautiful
06. bigger, biggest
07. braver, bravest
08. brighter, brightest
09. busier, busiest
10. more careful, most careful
11. cheaper, cheapest
12. cleaner, cleanest
13. cleverer, cleverest
14. more colorful, most colorful
15. more comfortable, most comfortable
16. more convenient, most convenient
17. cooler, coolest
18. more creative, most creative
19. more curious, most curious
20. more dangerous, most dangerous
21. more delicious, most delicious
22. more different, most different
23. more difficult, most difficult
24. more diligent, most diligent
25. dirtier, dirtiest
26. earlier, earliest
27. easier, easiest
28. more effective, most effective
29. more enjoyable, most enjoyable
30. more excited, most excited
31. more exciting, most exciting
32. more expensive, most expensive
33. more famous, most famous
34. faster, fastest

정답

35. fatter, fattest
36. more foolish, most foolish
37. fresher, freshest
38. friendlier, friendliest
39. more generous, most generous
40. greater, greatest
41. happier, happiest
42. harder, hardest
43. harsher, harshest
44. heavier, heaviest
45. more helpful, most helpful
46. more hopeless, most hopeless
47. hotter, hottest
48. huger, hugest
49. hungrier, hungriest
50. more important, most important
51. more interesting, most interesting
52. kinder, kindest
53. larger, largest
54. lighter, lightest
55. more logical, most logical
56. louder, loudest
57. lovelier, loveliest
58. lower, lowest
59. luckier, luckiest
60. milder, mildest
61. more nervous, most nervous
62. nicer, nicest
63. noisier, noisiest
64. older, oldest
65. more original, most original
66. more patient, most patient
67. more peaceful, most peaceful
68. poorer, poorest
69. more popular, most popular
70. more practical, most practical

71. prettier, prettiest
72. quicker, quickest
73. quieter, quietest
74. more regular, most regular
75. richer, richest
76. sadder, saddest
77. safer, safest
78. shorter, shortest
79. more similar, most similar
80. smarter, smartest
81. softer, softest
82. more special, most special
83. stricter, strictest
84. stronger, strongest
85. sunnier, sunniest
86. sweeter, sweetest
87. taller, tallest
88. tastier, tastiest
89. more terrible, most terrible
90. thirstier, thirstiest
91. more tired, most tired
92. uglier, ugliest
93. more useful, most useful
94. more useless, most useless
95. more various, most various
96. warmer, warmest
97. weaker, weakest
98. wetter, wettest
99. wiser, wisest
100. younger, youngest

정답

• 형용사, 부사의 불규칙 변화형

01. better, best 02. better, best
03. better, best 04. worse, worst
05. worse, worst 06. worse, worst
07. more, most 08. more, most
09. fewer, fewest 10. less, least
11. older, oldest 12. elder, eldest
13. later, latest 14. latter, last
15. farther, farthest 16. further, furthest
17. farther, farthest 18. further, furthest

• 형용사를 부사로 만드는 방법: 「형용사+-ly」

01. actually 02. admirably 03. angrily 04. anxiously 05. badly

06. beautifully 07. bravely 08. busily 09. carefully 10. certainly

11. clearly 12. coldly 13. colorfully 14. comfortably 15. creatively

16. dangerously 17. dearly 18. differently 19. dully 20. easily

21. effectively 22. equally 23. essentially 24. exactly 25. fairly

26. finally 27. firmly 28. foolishly 29. fortunately 30. freely

31. frequently 32. freshly 33. fully 34. gently 35. gladly

36. globally 37. gracefully 38. greatly 39. happily 40. heavily

41. hugely 42. idly 43. immediately 44. importantly 45. incredibly

46. internationally 47. kindly 48. largely 49. loudly 50. luckily

51. mainly 52. morally 53. naturally 54. necessarily 55. newly

56. nicely 57. nobly 58. noisily 59. obviously 60. officially

61. originally 62. politely 63. poorly 64. possibly 65. prettily

66. privately 67. properly 68. quickly 69. quietly 70. really

71. reasonably 72. regularly 73. richly 74. rudely 75. sadly

76. safely 77. seriously 78. silently 79. similarly 80. simply

81. sincerely 82. slightly 83. slowly 84. softly 85. specially

86. strangely 87. strongly 88. suddenly 89. surprisingly 90. terribly

91. thirstily 92. truly 93. uniquely 94. usually 95. variously

96. visibly 97. widely 98. willingly 99. wisely 100. wonderfully

INDEX

but	cheese	congratulate	day
butter	chicken	control	dead
button	child	cook	death
buy	chocolate	cookie	decide
by	choose	cool	deep
cake	church	corner	delicious
call	circle	cost	design
camera	city	could	desk
camp	class	country	dialogue
campaign	clean	couple	die
can	clear	course	difficult
candy	clever	court	dinner
cap	climb	cousin	discuss
car	clock	cover	do
card	close	cow	doctor
care	clothes	crayon	dog
carrot	cloud	cream	doll
carry	club	cross	door
case	coat	cry	double
cash	coffee	culture	doughnut
cat	cold	cup	down
catch	collect	curtain	draw
center	college	customer	dream
certain	color	cut	dress
chair	come	dance	drink
chance	comic	danger	drive
change	company	dark	drop
cheap	compute	date	drum
check	condition	daughter	dry

INDEX

helmet	ice	know	luck
help	idea	lady	lunch
here	if	lake	mad
hero	image	land	mail
high	in	large	make
hike	inside	laser	man
hill	internet	last	many
history	into	late	map
hit	introduce	lazy	marathon
hobby	invite	learn	market
hold	issue	left	marry
holiday	it	leg	mathematics
home	jacket	lesson	may
homework	jam	letter	meat
honest	job	library	medal
hope	join	lie	meet
horse	juice	life	member
hospital	jump	light	memory
hot	just	like	middle
hour	keep	line	might
house	key	lion	milk
how	kick	lip	mind
however	kid	listen	miss
human	kill	little	model
hundred	kind	live	money
hunt	king	long	monkey
hurry	kiss	look	month
husband	kitchen	love	moon
I	knife	low	morning

INDEX

INDEX

서프림 초등 영단어

발 행 일   2024년 5월 27일 1쇄 발행
저   자   박준원
발 행 인   박준원
발 행 처   스쿨북스
이 메 일   psrpsr3366@gmail.com

정가 13,000원